好爸妈
胜过好老师

史淑梅◎编著

中国出版集团
中译出版社

图书在版编目（CIP）数据

好爸妈胜过好老师：智听版／史淑梅编著. —北京：
中译出版社，2020. 1
ISBN 978 - 7 - 5001 - 6157 - 8

Ⅰ.①好… Ⅱ.①史… Ⅲ.①儿童教育 - 家庭教育
Ⅳ.①G782

中国版本图书馆 CIP 数据核字（2020）第 000389 号

好爸妈胜过好老师：智听版

出版发行／中译出版社

地　　址／北京市西城区车公庄大街甲 4 号物华大厦 6 层

电　　话／（010）68359376　68359303　68359101　68357937

邮　　编／100044

传　　真／（010）68358718

电子邮箱／book@ ctph. com. cn

策划编辑／马　强　田　灿　　　规　格／880 毫米×1230 毫米　1/32
责任编辑／范　伟　吕百灵　　　印　张／6
封面设计／泽天文化　　　　　　字　数／135 千字
印　　刷／山东汇文印务有限公司　版　次／2020 年 3 月第 1 版
经　　销／新华书店　　　　　　　印　次／2020 年 3 月第 1 次

ISBN 978 - 7 - 5001 - 6157 - 8　　　定价：32. 00 元

前　言

几乎世界上所有重要职业，都需要先培训再考核，合格后才能上岗。而"家长"这一极为重要的岗位，从来不需要上岗证。

不少90后、95后，仿佛昨天还是父母膝下承欢的独生子女，懵懵懂懂中今天就当了"家长"。这就迫切要求这些新生代的家长也要学习与成长。

家庭是孩子的第一课堂，父母是孩子的第一任老师，更是孩子走过泥泞、走过荆棘、走过高山、走向成功的领路人。做好领路人，悉心地培养孩子，引导孩子走向成功，需要科学的家教方法和艺术。正如一位教育专家所言，"家庭教育是一门科学"。是的，望子成龙、望女成凤的父母只有对孩子实施科学的教育，孩子才能健康地成长、一步步地走向成功。

当然，教育有法但无定法。为此，90后父母首先要有这样的认识：现代社会对人们的素质提出了越来越高的要求，不仅要有健康的身体、广博的知识和聪明的头脑，更要有良好的人格、个性品质和社会适应性。所以，孩子是否具有爱心、是否善良等直接决定孩子对人、事物的态度和行为，进而决定他们在各方面的发展。

俗话说：孩子是父母生命的延续，有什么样的父母就会有什么样的孩子。可见，父母对孩子的教育、影响是十分深刻而久远的。正所谓"野蛮产生野蛮，仁爱产生仁爱"。父母的言谈举止直接影响着孩子，为了教育好孩子，90后父母应该特别注意自己的言行规范，不能把错误的、不良的习惯在不知不觉中传染给孩子。最重要的是，父母要以身立教，万万不能一方面要求孩子有良好的品行，另一方面自己却做反面教材。

事实证明，如果能够对孩子实行一种有针对性的教育，并且努力跟上时代的发展，掌握适合现代要求的家教基本准则，那么，这就是一位合格的家长。

好爸妈胜过好老师。90后父母在面对孩子教育的问题上，切不可掉以轻心，要把对孩子的教育视为生活的重中之重。

目 录

第一章　进入角色从改变自身开始

　　养儿育女是一门学问，也是一门艺术，有其内在的科学规律，也需要外部环境的适宜。并非有良好的愿望，就能如愿以偿；并非学历高、社会地位高，能给子女提供富裕、舒适的物质条件，就一定能成为一位好父母。每一位望子成龙的父母，不妨每日三省吾身：我是否具备基本的教育能力？我有哪些教子错误？我需要改变与提升哪些教子理念？

教育孩子之前先教育自己

当前，父母在孩子成长发展过程中的重要性越来越受重视，有学者将这部分的研究称为"父职""母职"，这其中蕴含了做父母也是一种"职业"。这就要求父母在教育孩子前先教育自己。特别是90后、95后，他们大多数是独生子女，从小到大都被家人倍加呵护，直至为人父人母，其行为与心态还保留了一定的"孩子"痕迹，这就更加需要学习如何当家长了。苏联著名教育家苏霍姆林斯基说过："要教育好孩子，就要不断提高教育技巧。要提高教育技巧，就需要家长付出个人的努力，不断地进修自己。"可见，家庭教育需要介入科学的元素。要提高孩子的成长水平，就要提倡提高父母的教育水平，使教育者先受教育。

父母教育自己的根据是什么呢？首先是要"阅读"孩子，读懂孩子这本"书"。孩子这本"书"，是一本在变化的书，一天一页，一年一章，天天都有新变化，年年都有新发展，从童年到少年，从少年到青年……做父母的也许今天读懂了，但明天未必一定读懂。因此，称职的父母应该时常教育、反省自己，用一辈子来读孩子这本书。

现实中，很多父母认为自己是最了解孩子的人，其实不然，有可能他们是最不了解自己孩子的人。比如孩子的一些行为，发脾气、不写作业、摔东西，这些行为都是不好的，可是孩子为什么这么做呢？这就是做好家长这份职业要学习的第一步——了解孩子行为背后的目的。孩子的行为并不像我们表面上看到的那么简单，孩子小小的心里也有不为人知的目的。所有的孩子都希望得到父母的关注和爱，一旦父母未能给予及时的关注，孩子就感到自己受忽略了。

事实上，有些孩子已经养成了这样的行为习惯，他们察言观色洞悉父母的内心，不失时机引起父母的重视。然而，并非所有的孩子都会用良性的方法来引起父母的注意，关键在于父母要有一双善于发现的眼睛，发现孩子行为背后的目的，这样就不会觉得孩子在淘气时有多么气人。

但同时，这也就要求，父母不能一味地认为孩子尚小，不能理解很多事情，对于孩子的话也就不重视。其实，积极地听孩子说话十分重要，这样可以获得很多信息，使得孩子的行为更易理解。再者，父母在说孩子之前，先考虑一下自己的行为立场，虽然孩子还小，但仍要将他视为一个完整的个体来对待。可见，对待孩子的态度的确是一个很难拿捏的尺度，既不能对孩子百依百顺，也不能对其求全责备。作为家长，必须要树立家长权威，以身作则。对待孩子既要循循善诱，也要恩威并施。做到所有这一切，父母在孩子面前的角色就开始发挥作用了。

总之，父母在教育孩子前首先要教育自己，在此过程中，父母应注意到以下几点：

第一，尊重孩子的年龄特点。孩子阶段有其自身的特点，孩子生理及心理的发展特点构成了孩子的年龄特点。比如,四五岁的孩子天性活泼好动,六七岁的孩子懂得了辨别,等等。准确地了解和把握孩子的年龄特点,是父母迈出自我教育的第一步。

第二,以成长的眼光看孩子。在孩子的成长中,父母往往不自觉地去苛求孩子做他们做不到的事,例如:"能不能少玩一会儿?""能不能老老实实待一会儿?"一旦孩子做不到,"淘气""贪玩"的帽子就会重重地扣在他们头上。要知道孩子们的身体、心理正处在由不成熟向成熟发展的特殊阶段,如果我们用成人的标准去衡量他们的行为,就永远不会让人满意。例如:由于知识经验不足而好奇心又极强,他们会将半导体拆得四分五裂,其实他们是寻找说话的阿姨;当小鱼生病时,他们会给小鱼喝些开水,结果是"好心办坏事"……由此看来,父母应该学着用孩子的双眼去看世界,站在孩子的角度去分析他们的行为,对孩子多一些理解、宽容,少一些抱怨、训斥,多与孩子沟通,去揭开他们心中的各种秘密。

第三,用多把尺子衡量孩子。在孩子生活的世界中,最令他们伤心的事是"你不如别人",最使他们受刺激的话是"瞧瞧人家,再看看你自己"。如果父母常用一把尺子去衡量不同的孩子,他们更多的是会感到自卑。说实话,每个孩子都是有差异的,这是不可否认的事实,孩子的发展也不可能是一样的速度。父母面对的每一个孩子都有其个性特点,当我们用不同的眼光去欣赏孩子的不同特点时,你将会发现,每一个孩子都有自己的想法,他们有不同的成长足迹,他们在一天天长大。让孩子知道,他们每天都有进步,他们将获得更多的自信。

父母是孩子的第一任教师

我国著名教育家陶行知曾说过："孩子的性格和才能，归根结底是受到父母、特别是母亲的影响最深。孩子长大成人以后，社会成了锻炼他们的环境。学校对年轻人的发展也起着重要的作用。但是，在一个人的身上留下不可磨灭的印记的却是家庭"。

是的，所有的教育都是从家庭教育开始的，家庭是孩子的第一个课堂，父母是孩子的第一任教师。父母的品德修养、行为方式、人生态度对孩子的成长有着直接的、持久的、潜移默化的影响。父母在乎孩子的分数，孩子就会去追求学分；父母在乎孩子的名次，孩子就会追逐名次；而父母在乎孩子品质的发展，孩子就会成为一个正直、有理想而自信的人。相反，一个有明显缺欠的家长的人格形象，会在孩子的幼小心灵深处留下病态的种子，对孩子一生的影响都是负面的。

从前，有一农妇老来得子，对儿子百般宠爱，孩子不管做什么事情，做母亲的，都会大加"赞赏"，积极"鼓励"。

有一次，儿子从邻居家偷了一根针回来。母亲一看，非常高兴，称赞她的儿子很聪明，很有出息。儿子得到母亲的应允，就把"偷"当作一件乐事，经常从外面偷东西回家。

终于有一天，儿子因为偷东西被官府抓到，因为案情严重，儿子被当场判斩首。

行刑时，监斩官问他还有什么要求。儿子泪流满面，他说："妈妈，如果在我开始偷东西时，你好好的教育我，哪怕打我，今天也不至于落得被杀头的下场"。

母亲听后悔恨交加，痛哭不止。

17世纪德国教育家福禄培尔指出："国民的命运，与其说是操在掌权者手中，倒不如说是握在母亲手中。"同理，在家庭生活中，父母和孩子的亲密关系，父母在教育孩子的过程中所居的地位和所起的作用，是其他任何人都无法取代和超越的。孩子自呱呱落地起，就生活在父母的身边，与父母接触最多、最广泛，父母如何工作、学习，如何待人接物……父母的言行举止都直接而深刻地影响着孩子。如果一个母亲在梳妆镜前时间较长，她的孩子一定会喜欢涂抹自己；如果一个父亲喜欢读书，那他的书将来一定会出现在他孩子的手上。

一个剃头师傅，教弟子学会了剃头的好本领，但他每次教完徒弟，都会把刀子插在教学用的冬瓜上。毕业的时候，徒弟为师傅剃头，剃得很完美，但剃完了，徒弟一刀插下，师傅应声倒下……这是怎么回事呢？原来，徒弟耳濡目染，跟师傅学会了同一个习惯动作。

这虽是一个笑话，但也真切地说明，大人的行为会对孩子造成十分深远的影响。其实，仔细观察每一个孩子，在他们身上，都会找到父母的"影子"。"近墨者黑，近朱者赤"，在家庭教育中，也存在着这个现象，因此，父母的一言一行都要给孩子做好表率，这样，孩子才能跟在父母后面学习他们的优点，摈除自己身上的缺点。

那么，父母应该如何完善自我，给孩子以良好的影响呢？

首先，父母要营造一种平等、和睦、尊老爱幼的家庭氛围。家庭成员之间应相互尊重，扮演好自己的角色。父亲坚强果断，母亲温柔贤惠，夫妻相敬如宾，对老人孝顺，对孩子宽容，所有这些，都会播下阳光的种子。在有的家庭里，夫妻经常争吵，他们的孩子将来一定也会像父母一样蛮横。这是任何父母都不希望看到的。

其次，父母要注重学习。家庭是孩子的第一个学习场所，父母是孩子的启蒙老师，家庭教育是早期开发孩子智力的关键。家庭精神文化生活气氛，对孩子的成长、智力的发展具有特别重要的意义。为孩子营造一个良好的学习环境，将有益于孩子的学习和身心健康，这对孩子一生的成长也是非常重要的。在学习型家庭里，父母的学习态度和学习精神不仅决定着能否成为优秀的家长，而且影响孩子是否好学、能否成为学习型的人。

最后，父母要养成良好的生活、作息习惯。生活方面，比如家庭整洁，整洁分为"整齐"和"洁净"两方面，物品摆放要有规律、整齐，而家庭卫生和个人卫生要干净利落。不修边幅的父母，能教育出一个什么样的孩子呢？至于作息习惯，那对孩子的影响就更重要了，科学的作息习惯有利于培养孩子做事认真、严谨的作风。

总之，孩子是父母的身影。"春天种下什么，秋天就会收获什么。"父母栽种的是自己的行为，收获的是孩子一生的习性。

高分父母都有的共性

这天，当布伦达·威廉姆斯的儿子从芝加哥哈罗德小学放假回家时，交给了威廉姆斯女士一张成绩报告单。威廉姆斯女士不看则已，一看吓了一跳。原来，她的名字赫然印在成绩单上，那竟然是她自己的成绩单，而给她打分的老师她却连面都没见过。事后打听她才得知，这是芝加哥公立学校实行的一项由老师给家长评估打分的计划。

根据这项计划，老师们要根据一套"家长问题标准"——如他们的孩子是否经常上学、是否带有所需的物品、是否按时睡觉等给家长打分。对家长的考核共分两个等级：合格和不合格，每个季度进行一次。不合格的家长要补课，以提高他们为人父母的能力。有位老师说："这一计划是有必要的。如果你的孩子在课堂上睡觉，我们就得问一问，他家里到底发生什么事了？是谁的责任？"

没有哪位家长愿意被打低分，谁都想成为高分父母。然而，做高分父母并不容易。有些父母出于对孩子的关爱，总是越俎代庖；而有些父母则倡导自由式家教，结果又对孩子过于放任。现实生活中，但凡做父母的都会有这样的感慨：现在这孩子真是越来越难管了。这不，单纯靠"惩罚式"教育，即"吓"，已经毫无效果了，相反，孩子的逆反心理增强，父母的权威日渐消退；而单纯靠"诱导式"教育，即"哄"，成效则如江河日下，开放的社会，孩子无师自通式的成熟，父母已无法用"见多识广"来说服孩子了。

尽管每位家长都有自己不相同的教子方式，但高分家长有一些共同的特征，他们的教子方式是有规可循的。

第一，多花些时间陪孩子。有的父母说，我的事多得不得了，哪有时间去问孩子的学习，哪里顾得上孩子的教育。美国的心理学家对几千例学生进行调查，结果发现：与父母在一起时间多的孩子，在学业成绩、能力素质和品德发展等各个方面的发展明显优于与父母在一起时间少的孩子。父母们在说没有时间照顾或陪自己孩子的时候，有没有想过：我们辛苦劳作到底是为了什么？是为了自己过上富足的生活吗？大多数的人认为，应当多赚些钱，为孩子的将来考虑。如果父母用牺牲现在去换取将来，大家认为值得吗？孩子要成人成才是第一要义，如果孩子不成器，你赚了再多的钱，他也能挥霍一空；即使现在家庭困难一点，孩子能够体会到父母的甘苦，成人长大之后，他自己也会努力去创造财富。

第二，以身作则。教育孩子的方式有两种，一是耳提面命，一是潜移默化。生活中，父母教育孩子用耳提面命的多，也就是说，用语言表达形式，告诉孩子应该这样，不应该那样，可是却忽略了非语言形式，例如家风的熏陶、父母的以身作则等等。父母以身作则非常重要，榜样的力量是巨大的。父母怎样待人接物，孩子看在眼里；父母在谈些什么，孩子听在耳里，这都会在无形中给孩子以重大影响，这就是潜移默化。因此，告诉孩子应该做的事，父母首先应该做到；告诉孩子不应该做的事；父母首先不应该去做。譬如说，你教育孩子纠正偏食的习惯，可是你却这不爱吃、那不爱吃，这怎么行呢？你不许孩子说脏话，可是你说话却带着脏字眼，这怎么可以呢？

第三，着力培养孩子的良好习惯。一是良好的道德习惯，要成才先成人，家长通过和睦的家庭关系、文明的家庭言行、民主的生活气氛、健康的日常生活引导孩子树立正确的世界观、价值观和人生观；二是良好的学习习惯，要训练孩子按时起居的生活习惯、合理分配家庭作息时间的习惯、今日事今日毕的习惯，要配合学校训练子女自觉认真完成家庭作业、自觉阅读、自觉复习、自觉预习的习惯；三是良好的劳动习惯，要有意识地训练孩子良好的个人卫生习惯、自觉参与力所能及的家务劳动习惯。

告诉孩子你爱他

这是一位年轻母亲的日记：

吃晚饭的时候，7岁的女儿还是像平常一样很不安分地到处乱跑，怎么也不肯老老实实地坐下来吃饭。我说了她几次，她也充耳不闻，继续着自己的活动。我一下来气了，指着她的鼻子大声说："你爱吃不吃，反正我已经不喜欢你了，不爱你了。"女儿听了以后，回头看了看我，随即问道："那爸爸呢，爸爸爱我吗？"我随口回答："不爱，你这么不听话，我们都不爱你了。"然后，我就再没有理睬她，开始埋头忙着自己的工作。

过了好半天，我忽然发觉屋子里很是安静，没有看到女儿折腾来折腾去的身影，也没有听到她嚷嚷的声音。我抬头看了看爱人，他正在看电视，身边也没有了那个平常紧紧依偎的小身影。我诧异极了，站起来仔细察看，一转脸，发现了那个丫头，她正安静地坐在沙发的一端，低着头掰着手指头，好像还有些抽噎，我有点不解，走过去坐在她身边，慢慢地托起她的脸，看到小小的脸上居然还有泪珠，我急切地问："宝宝，怎么了？"女儿听到我的问话，这才睁大眼睛看着我，一字一句地慢慢说道："妈妈，你为什么不爱我了？爸爸为什么不爱我了？你们都不爱我了，我怎么幸福呀？"说完以后，搂着我委屈地大哭起来。

像这位母亲的女儿一样，天下的孩子无不希望得到父母深深的爱，而父母对孩子表达"我永远爱你"是何等的重要。但是，有许多父母并不懂得这些，他们觉得，与孩子天天在一起，还需要语言的重复吗？行动就是最好的见证。其实不然，"我永远爱你"对孩子来说，那不仅仅是一种承诺，更多的是父母对孩子的肯定。再没有比这更让孩子感到高兴的了。

"你会对孩子说'我爱你'吗？"某网站对此话题曾做过一项调查，调查结果显示：有75%的父母在孩子处于婴儿懵懂的时期表达过，大部分父母在孩子3岁上幼儿园以后就很少直接地表达对孩子的爱了，相应地，孩子就更少向父母表达感情。鉴于家庭表白气氛严重缺失的现状，广州某亲子网举行了一场亲子活动，20多个家庭参加了此次活动，其中的"真情告白"环节引发了全场高潮。当音乐响起时，父母向孩子读出了事先准备好的真心话："孩子，你真听话，真有出息。""孩子，你是我们的宝贝，爸爸妈妈永远爱你!"……也许是父母的热情感染了孩子,天真无邪的孩子们也用稚嫩的声音回应道:"爸爸妈妈,我爱你们!"顿时,温馨的气氛感染了所有在场的人,不少人热泪盈眶,感动得说不出话来。活动中,亲子之间互相传达爱的信息,拉近了彼此的感情。父母们怎么也没有想到,轻轻的一声"我爱你"竟会产生如此神奇的效果。

对孩子说"我永远爱你"、向孩子表达爱有很多好处。向孩子表达爱,可以消除孩子生活中的消极情绪,特别是孩子的焦虑。有的孩子学习成绩不佳,他们闷闷不乐的主要原因是担心与父母的关系。瑞士心理学家维雷娜·卡斯特说,孩子最强烈的焦虑来自最高价值被最重要的亲人所否认。最高价值是什么呢?就是爱与被爱。如果父母让孩子认为,他成绩不好就再也不配得到父母的爱,也没资格去爱父母,那么孩子一定会陷入极大的焦虑中。这是至关重要的一点。孩子无论看起来多么在乎朋友和老师的评价,他们最在乎的仍是父母的认可。因而,如果父母与孩子能保持一种稳如磐石的关系,父母经常对孩子说,"无论你怎么样,我们都一如既往地爱你认可你",那么,孩子的焦虑就会得到很大程度的缓解。

在适当的时机向孩子直接表达自己的爱意,可以增强孩子的自信心和自尊感。在孩子的成长过程中,父母就像一面镜子,不断地反射出孩子的一切,当听到那些鼓励、赞许以及充满爱意的话时,孩子觉得自己得到了认可,他会感到骄傲,由此,自信心也会增长,而那些长期得不到肯定的孩子,则会变得胆小、没主见,长大后习惯被安排做事情,缺乏创造性。

生活中，父母一句充满爱意的话往往会让孩子感到莫大满足，当孩子做了一件让父母高兴的事，父母要及时说："孩子，你真棒，我们爱你。"当孩子遇到挫折时，父母要说："不要怕，我们爱你，我们都希望你能坚持下去。"当孩子犯错时，父母要说："你做的事情我们不同意，但我们爱你，并希望你改正错误。"孩子是很敏感的，很在乎父母对自己说的话，一句真真切切的话能抚慰他们的心灵，尤其对于懂事的孩子来说，父母爱的表达可能会消除彼此之间的隔阂，令亲子关系更进一步。

除了用言语表白外，鼓励的眼神、甜蜜的抚摸等都是很好的爱的表达方式。父母经常对孩子说："我爱你!""真高兴，你是我的宝贝!"等，会慢慢地给孩子以坚韧的性格。同时，孩子得到父母明确的爱，成长的道路就会更顺畅、更广阔，他们会自觉做到遇事不惊、沉着冷静，并善于调节自己。

父母们，向孩子表达爱吧，孩子期待你们的爱。

给孩子无私的爱

知心姐姐卢勤曾认为，爱是一个口袋，往里装产生的是满足感，而往外掏产生的是成就感。的确如此，在家庭里，如果父母让孩子时时刻刻成长在爱的中心，那么，孩子就会生活在快乐与满足中，孩子就会用一种深深的爱意去感悟生命、健康成长。

对于父母而言，爱孩子，就是要尊重孩子，尊重孩子的自我选择；爱孩子，就是要理解孩子，理解孩子的痛苦和欢乐；爱孩子，就是要欣赏孩子的优点，并随时发现孩子的各种能力和热情，为孩子的每一点进步鼓掌。对孩子无私的爱，就是要求父母不以指责和挑剔的态度待人，也不要把自己的意志和愿望强加于人，爱所表达的是体谅、信任和理解。

在日本，有一位著名的小儿科医生叫内藤寿七郎。有一天，一位妈妈带着两岁的男孩前来找他看病。妈妈说，一升装的牛奶，这孩子一口气就能喝光。因为喝牛奶超量患了牛奶癣，皮肤刺痒睡不着觉，举止焦躁不安。

内藤先生不慌不忙地将白大褂脱下，然后跪在那个男孩面前，看着对方的眼睛。

"你喜欢喝牛奶吗？"内藤先生温和地问道。

男孩点点头。

内藤先生仍然目不转睛地看着他说："如果不让你喝你特别喜欢喝的牛奶，你能忍得住吗？"

男孩显出烦躁和不满的神色，并且把脸扭向一边。

内藤先生并不气馁。他跟着转到孩子面前蹲下身子说："你可以不喝牛奶的，是吗？"不管男孩怎样不耐烦、拒绝回答，内藤先生的目光一直充满着信赖，口气也十分诚恳。

终于，男孩轻轻地点了点头。

奇迹发生了。男孩回家后不喝牛奶了，湿疹症状很快消失。一年半以后，他的母亲认为可以喝点儿牛奶了，可男孩说："大夫说能喝我才喝。"母亲只好请内藤先生来帮忙。

这一次，内藤先生仍然是看着男孩的眼睛，微笑着说："你现在可以放心地喝牛奶了。"从那天起，男孩真的又开始喝牛奶了。

内藤先生通过这件事总结出：哪怕是才两岁的孩子，只要他明白了道理，就能控制自己。于是，他提出了一个响亮的口号："爱的目光足够吗？"这个口号提出至今已经半个多世纪了，现在听起来仍然觉得十分亲切。

可以说，给孩子无私的爱是为人父母之天性，这种爱是培养孩子良好品德和行为的感情基础，没有这种爱，就谈不上对孩子的教育，更难以达到良好的教育效果。然而，父母在给孩子无私爱的同时，应注意以下几点：

第一，父母要有理智、有分寸地关心爱护孩子。父母既要让孩子感受到真挚的爱、家庭的温暖，又要让孩子懂得关心父母和其他家庭成员，并逐步要求孩子做一些力所能及的自我服务性劳动和家务劳动，这不仅有利于培养孩子热爱劳动、关心集体的好品德，而且也有利于培养孩子的智力和自理能力。

第二，父母要正确对待孩子的要求。人都是有需求的，而且是多方面的，往往也是无止境的。对孩子的需求要具体分析，要以家庭的实际经济状况和有利于孩子的身心健康为前提，不能百依百顺，有求必应。过分地满足孩子的需求容易引发孩子过高的欲望，养成越来越贪婪的恶习。一旦父母无力满足其需求时，势必引起孩子的不满，致使难以管教，当其欲望强烈而又得不到满足时，就容易走上邪门歪道。

第三，父母对孩子的要求要适当合理，既要符合孩子实际情况又要利于孩子的身心健康。父母若要求过高，孩子即使经过努力也无法达到，这会使孩子丧失信心，也就起不到教育效果。同时，父母的要求一经提出，就要督促孩子努力做到，否则就起不到教育效果。

第四，父母要对孩子始终充满期望。父母在任何情况下对孩子都要不言放弃，孩子是有差异的，我们的孩子生下来并不是一样的，性别不一样，长相不一样，身高体重也不一样，实际上孩子出生时有很多差别，包括先天神经、大脑类别和气质差异都不一样。按皮亚杰的认知发展论，儿童认知发展有阶段性与普遍性，认知发展阶段的成长速度是不一致的。因材施教，每个孩子都能成才，父母始终要对孩子充满期望。

第五，父母要帮助孩子成功。成功的经验可培养孩子的自尊与自信，如果成功多于失败，他将养成勤奋进取的性格，敢于面对困难的挑战。反之，失败多于成功，甚至如果只有失败没有成功，则他将难免养成自贬自卑的性格，不敢面对生活中现实的困难。父母要适当降低要求，并进行适当帮助，使孩子学到从失败中追求成功的态度，

当黑暗袭来时，父母无私的爱，恰似不灭的灯塔，给孩子光明；当意志消沉时，父母无私的爱，恰似激昂的旋律，给孩子鼓舞；当烦恼袭来时，父母无私的爱，恰似激越的号角，给孩子力量；当生命面临干涸时，父母无私的爱，恰似大江大河的源泉，给孩子希望。

做孩子成长的榜样

在现实生活中，父母经常会对孩子说应该这样做、不应该那样做以规范孩子的言行，可是，事实表明，这种空洞的说教所起的作用往往微乎其微。

父母是孩子最初的崇拜对象，父母的一举一动、一言一行都会给孩子带来很大的影响。实际上，在父母的不知不觉中，孩子随时都在注视着父母做人的态度。为人父母者行为不端，却要求子女堂堂正正地做人，这只能是"缘木求鱼"。所以，父母对孩子来说，重要的不是说教，而是行动，父母在严格要求孩子的同时，更要以身作则、严于律己、注意自身的行为，为孩子树立榜样。

英国教育思想家托马斯·阿诺德有句名言是这样的：父母的言行就是无声的老师、自觉或不自觉的榜样，强有力地发挥着潜移默化的作用。所以，要想取得理想的教育功效，父母一定要以身作则，时时、处处、事事都严格要求自己，成为孩子人生的好榜样。

很久以前，有一户人家，家里有五口人，三代同堂，爷爷奶奶、爸爸妈妈和一个儿子。爷爷奶奶七八十岁了，老了，走不动了，爸爸妈妈很讨厌，觉得是一个包袱。两人一商量，决定把老人丢进大山里去。一天晚上，他们把老人装进一个大竹篮里，两人把他们抬进大山。当他们正准备把老人扔下不管时，他们的儿

好爸妈胜过好老师

子在旁边说话了："爸爸妈妈，你们把爷爷奶奶丢在大山里，这个大篮子就不要丢了。"爸爸妈妈感到很奇怪，问儿子，为什么要把篮子带回家。儿子回答："等你们老的时候，我也好用这个大篮子抬你们进山，把你们丢进大山里。"爸爸妈妈听后，心里慌了，他们意识到自己的错误行为，赶紧把爷爷奶奶抬回家，好心侍候，再也不敢不孝敬父母。

这虽然是个笑话，但它告诉我们，父母身上的优缺点很多会"遗传"给子女。要管好孩子，先要管好自己。

美国第一位华裔女部长赵小兰每次谈到自己所取得的成绩时，都十分感谢母亲。她母亲以身作则教育孩子的方式让她受益匪浅。这里有一件事就能说明——

在美国一所大学的日文班里，突然出现了一个老太太。开始时大家并没感到奇怪。在这个国家里，人人都可以挑自己开心的事做。可过了不长时间，年轻人发现这个老太太并非是退休后为填补空虚才来这里的。每天清晨她总是最早来到教室，温习功课，认真地跟着老师阅读。老师提问时她额头也会冒汗。她的笔记记得工工整整。不久，年轻人就纷纷借她的笔记来做参考。而每次考试前，老太太都会紧张地复习、补缺。

刚开始时大家并不知道她是谁，后来，是老师发现了这个"秘密"，她就是赵小兰的母亲朱木兰。老师希望老太太能谈谈自己的育儿经验。老太太笑着说："我现在正在做的一切便是最好的经验。"大家这才明白，父母言传身教对孩子的影响最大。

其实，谁都希望自己的孩子成才、有出息，但那不是一句空话，父母自己要率先垂范、做出样子。比如，父母一旦答应了孩子的事就一定要兑现。如果父母言出不行，说话不算话，就会降低在孩子心目中的可信度，孩子对父母的崇信、敬仰与爱戴，就会由于失信次数而递减。而如果作为父母经常说话不算话，孩子也会下意识地效仿，对自己说出的话不负责任，便会成为他的一种不良习惯。

为什么榜样的力量会如此巨大呢？

有位育儿专家在给家长们作讲座。他让大家举起右手，然后听他的口令做动作。专家举起右手示范："请大家都把右手放到下巴处。"说着，他把自己的右手放在了额头上，结果大部分家长都跟着他把右手放在额头上，也有少数人先把手放到下巴上，看到育儿专家把手放在额头上，然后也把手放在了额头了。只听育儿专家大声说："我明明喊的是把右手放在下巴上，为什么你们都放在额头上？"大家回答说是看他放了才放的。

育儿专家的这个游戏正说明了一个简单的道理：身教重于言教，对孩子的教育尤是如此。

父母榜样作为一种具体的形象具有强烈的暗示和感染力量。父母不仅是一种权威，而且是孩子言行举止标准的提供者，父母的表现在很多情况下成为孩子的参照。父母要使孩子的言行有所遵循，切不可言行不一。言行相悖比对孩子放任自流效果更坏。古人云："以教人者教己。"要求在孩子身上形成的品质和良好习惯，父母都应要具备。

美国教育家克莱尔曾说过："如果你自己都不准备去有所成就，你也不能期望你的孩子去做什么。"而"成就"在此的第一要义在于成为孩子接受的、爱慕的、模仿的父母,第二才是事业和生活等其他方面的成就。

总之,父母是孩子一生的老师,明智的父母都会以身垂范,给孩子做出良好的人生榜样。

跟孩子摆事实讲道理

不少父母认为,孩子小,不懂事,不明是非。对孩子进行教育,只要严格管教就行了,不必讲道理。即使讲也是白讲,起不到任何作用。持如此观点的以传统家庭的家长居多,为了省心,更为了显示自己的地位,他们往往喜欢"一刀切",从不会和孩子平等交流。

其实,这是错误的做法。有时,当问题无法解决或是为了让问题更好更快地解决,父母耐心给孩子讲道理,孩子会认为这是大人尊重自己的表现,也就会乖乖地听话。

为什么会是这样呢?父母经常责备孩子,要求孩子按照自己的话去做,这很容易使孩子变得被动、依赖,遇事只会等待大人的指令,不敢自行做出判断,唯恐做错事情遭到责备。如此,不仅会影响孩子独立性的发展,对孩子的思维能力和创造力培养也极其不利。从表面上看,遭到责备的孩子很快表示服从,似乎问题得到了解决。但事实上,孩子记住的只是责备给自己带来的痛苦体验,而对自己的过错行为本身却很少自我反思,因此责备反而会削弱孩子自我教育的能力。

而讲道理就不一样了，道理本身就具有强大的说服力，会有让孩子铭记事理，受益终身。

6岁的胜乔特别喜欢扔东西，扔得满地都是。最开始的时候，父母没有阻止他这种行为，考虑到他处于摔物期，是成长的一个必然阶段。到后来，此行为越发严重，只要他不需要的东西，全是不管不顾地往地上摔。比如他想要一个玩具，而这个玩具上面放了几个其他玩具，他可不管，直接把上面的玩具拿起扔开。父母无数次责怪他，告诉他扔东西是不好的行为，是坏孩子。胜乔或许对好与坏的区别不太了解，就算是坏孩子又怎么样，这番说教效果不甚明显。后来，父母采用拟人的方式告诉他："积木被摔了会哭，好疼啊，宝贝，把他抱起来爱一下吧。积木被你扔得找不到家了，积木要哭，他也要回家的。"这样说理多次后，胜乔已经改变了原来的毛病，他已不再扔东西了。当他不需要某一东西时，他会让父母帮他拿着，或是拿起放到一边。他偶尔忘记，又扔了积木，父母还没开口，他自己就会捡起来说："好疼，不哭！"

故事中的胜乔对父母的责备总是无动于衷，而当父母对他一番说理后，他明白了其中的利害，很快就"改过自新"了。可见，父母更应注重说服的这个过程，目的也许一次达不到，但过一段时间，孩子就会被潜移默化，自然而然达到父母想要的效果。

在跟孩子讲道理的过程中，父母应注意以下几点：

第一，充分肯定孩子的长处。俗话说："数子十过，不如奖子一长。"跟孩子讲道理，应充分肯定孩子的长处，对孩子的进步给予及时的表扬和鼓励，在此基础上再对孩子的过错予以纠正，这样孩子就容易接受大人的意见。如果一味地数落孩子，责怪孩子这也不是那也不对，只会让孩子产生自卑心理和逆反心理。

第二，所讲的道理要合理。跟孩子讲的道理应合情合理，不能信口胡说，也不能苛求孩子。因为大人信口胡说，孩子是不会服气的，大人的要求过分苛刻，孩子是办不到的。比如生活中有的父母自己喜欢吃零食，却对孩子大讲吃零食的坏处，如此，孩子是不会听从的。

第三，给孩子申辩的机会。跟孩子说理时，孩子可能会对自己的言行进行辩解，大人应给予孩子申辩的机会。应该明白，申辩并非强词夺理，而是让孩子把事情讲清楚讲明白，给孩子申辩的机会，孩子才会更加理解你所讲的道理，使教育收到良好的效果。

第四，在孩子情绪稳定时讲道理。孩子情绪时好时坏，极不稳定。情绪不稳定时，你讲什么他都听不进去，甚至反感。如：孩子在玩一辆心爱的小汽车，妈妈却非要让他停下来去吃饭；孩子受了委屈正在发脾气，爸爸却斥责他马上安静下来。等等。这些都不会收到好的效果。这时，父母应尽可能地冷处理，让孩子再玩一会儿，或对他的发脾气不予理睬，等他情绪稳定时，再给他讲道理，他会认真地听，并能较快地意识到并改正错误。

第五，在实际情境中给孩子讲道理。对于年纪比较小的孩子，跟他讲道理他可能会听不懂，而对于大一点的孩子，道理太多反而让他觉得心烦。因此，父母可以通过在实际情境中给他们讲道理，他们才会愈来愈懂事。例如，孩子抢小朋友的玩具，问问他："如果别人抢你的玩具，你会不会不高兴？"让他明白自己的行为会如何影响别人。年纪大一点的孩子，父母可以直接问："如果我也是这样做的，你会觉得如何呢?"让孩子学会换位思考，站在别人的立场上考虑问题。这比单纯地说教效果更好。

第六，用童话的形式跟孩子讲道理。孩子都有纯真的天性，如果用讲童话的形式对孩子进行品格的塑造，也许会收到意想不到的效果，一篇美妙的童话的作用，远远胜过长篇大论的道理。童话是鲜活的、灵动的、绘声绘色的，童话中的事物都是有生命、有感情、活灵活现的，这些故事贴近孩子的生活，贴近孩子的感受，孩子很容易认同这些角色。同时，因为它们是童话里的主人公，孩子也会在心理上跟它们拉开一定的距离，用更加客观的眼光看待事物。用童话来讲道理，孩子不会觉得父母是在直接评判他，从而更容易接受。

和孩子交朋友

在孩子面前，父母除了扮演好长辈的角色外，还应努力扮演好朋友的角色。父母与孩子一旦成为无话不谈的好朋友，对促进整个家庭的民主气氛都有着十分重要的作用。心理学家认为：追求他人的信任是一种积极的心态，是每个正常人的普遍心理，也是一个人奋发进取、积极向上、实现自我价值的内驱力。信任的心理机制对孩子良好心理品质的形成具有积极的鼓励作用。

现在的孩子大多是独生子女，他们的缺憾之一，是在家庭中没有同龄伙伴，基本上只是同父母交往。加之父母对孩子外出玩要的限制，这就在客观上使独生子女父母增加了同龄伙伴的角色。孩子渴望父母像兄弟姐妹、像朋友一样与他们相处，渴望得到理解和尊重。无论是从本身的义务上，还是从教育的意义上说，父母对孩子的关心，同孩子进行感情上的沟通都是必需的。可是，我们太多的父母往往忽略了这一点，总是高高在上，我行我素，从不听孩子的意见，不知道孩子心里想的是什么，更不知道孩子需要什么。

一位父亲说："如果你不花一些时间与你的孩子共同度过，那么再怎么强调要与孩子交流都是白搭。当你与孩子共同分享在一起的快乐时间时，是你与孩子交流的最好机会。"一位母亲说："与孩子在一起是很重要的，我们常在一起散步，一起洗碗，这样我们就能有很长的时间交谈。这是交谈的好时间。即使你很忙你也一定能够挤出这些时间，因为那也是很容易交谈的一种场合。试想有人要你坐下来，然后说'让我们谈谈'，这是多么的生硬啊。"

有一位家长在一场育儿讲座中说到自己的经历：

很多年前，当我的孩子还在二、三年级读书的时候，我曾非常激动地准备"怎样才是好父母和好老师"的讲演稿。但我开始发现，我没有获得和我的孩子以前相处时类似的成果。最后，我决定休息一天，单独和我的孩子到海滩去。我们玩球、玩海藻，做一切在海滩上能做的事。一天下来，我已精疲力竭，孩子也累了，但是非常快乐。在回家的路上，他突然说："我们玩得不是很好吗？告诉你，从现在起，你要求我做任何一件事，我都准备去做。"

瞧，这就是这位家长与孩子一起游戏的结果。与孩子相伴、做孩子的朋友对孩子来说很重要。在父母与孩子共同的活动中，两代人可以形成平等交谈、相互沟通的习惯，障碍自会排除，隔膜自能打破，最容易建立友好亲密的感情。

父母如果不和孩子很好交流，不相互沟通，就很难发现孩子的内在潜力。要想使孩子成材，就应该了解他们、关心他们、爱护他们，做孩子最知心的朋友。这样孩子才会有出息，才能成为社会上真正有用的人。

父母要想成为孩子的朋友，就要把自己和孩子置于平等的位置，敞开心扉，交流互动。要学会倾听，鼓励孩子和你交心，无论对错都要接受、包容。同时要给孩子留有私人空间，不要凡事都问个透，允许他有小秘密。这样他才会找到被尊重、理解的感觉，这样还会拉近父母和孩子心灵的距离。当父母真正把孩子当作朋友去相处，你会发现，教子相长，这是培养孩子的基础，只有你的话他听进去了，才能达到家庭教育的目标。

实际上，父母走近孩子、成为孩子朋友的方式有很多。而创新工场创办人李开复在这方面有如下建议：

第一，和孩子打成一片，甚至和他一起胡说八道。不要摆起架子做个"高高在上"的长辈。我的孩子小时每天听了我"胡诌"的故事后才愿意睡。

第二，对孩子说心里话，不要把话闷在肚子里，做一个好的聆听者。

第三，让孩子知道他对你多重要，告诉他你多么爱他，慷慨地把你的时间分享给他，但是对物质上不要"有求必应"。

第四，如果你要做孩子的朋友，那只有你学习他的语言，而不是要求他学习你的语言。如果你不学新知识，不接触新的思想观念，知识匮乏，思想陈旧，你就不能理解现在孩子的所思所想。父母应该尽量多接触点流行的东西，比如流行的思想、流行的服饰、流行的音乐，以减小代沟，创造彼此信任沟通的渠道。

事实上，几乎所有父母感觉与孩子相处愉快和谐是因为他们肯花时间与孩子在一起做游戏、画画、运动、听音乐、家务劳动、制作手工、旅游、聊天、探讨问题等等，通过与孩子的亲密接触，方可了解孩子在不同年龄段的心理需求，而自己也能被孩子所接纳。

与孩子交朋友，你会发现孩子身上有很多优点，孩子也会因你而每天快乐成长。

能够向孩子认错

有一次，著名诗人闻一多因心烦出手打了还不懂事的小女儿，恰好被在外屋的次子立雕看见了，他就挺身出来批评父亲不该打妹妹。闻一多听后，先是一愣，静坐沉思片刻后，走到立雕面前，神情十分严肃认真地说："我错了，不该打小妹！我小时候父母就是这样管教我的，所以我也用这样的办法来对待你们。希望你们记住，将来不要用这样的方法对待你们自己的孩子。"没想到，从此以后，孩子反而就更信服闻一多了。

每个家长都会教育孩子，做错事后一定要改正并道歉。但当自己做错了事时，却很少或从不道歉，尤其是不愿向孩子道歉。殊不知，父母学会向孩子道歉，正是家庭教育中的明智之举。当孩子"闯祸"后，一些父母由于一时感情冲动，往往会对孩子进行不恰当的批评或惩罚。事后，父母又往往会后悔。这时，倘若父母能勇于真诚地向孩子道歉，用自己的行动补救自己的"过失"，则可以更好地和孩子沟通，并让孩子从中受益。

相反，如果父母不在乎孩子的感受，错怪了孩子仍理直气壮、死不道歉的话，伤害的将是孩子的心灵。

勇勇的妈妈发现钱包少了 100 元钱，就一口咬定是勇勇拿了。勇勇说没拿，妈妈不信，先是"启发"孩子："需要钱可以向我要，但不能自己拿!"后来就越说越生气，警告勇勇："不经允许拿妈妈的钱，也算是偷!"勇勇不服气，母子俩就吵了起来。这时，勇勇的爸爸回来了，忙解释说："钱是我拿的，还没来得及告诉你呢。"妈妈这才停止了对儿子的逼问，但又补上一句："勇勇，你可要记住，花钱要管妈妈要，可不能偷偷地自己拿啊。妈妈的钱可是有数的!"勇勇觉得受了不能容忍的侮辱，一气之下，离家出走了。

"金无足赤，人无完人。"父母说错了话，办错了事，甚至冤枉了孩子，都是难免的，关键是发生问题后父母怎样处理。父母和孩子相处，应该是民主平等的，不能摆家长架子。错怪了孩子，就主动道歉，而且态度要诚恳，不敷衍。有些父母认为这样做会有失尊严，其实不然，孩子是明理的。父母向孩子认错，会给孩子树立有错必改的榜样，会使孩子由衷地敬佩父母的见识和修养，从而更加信任父母，使一家人和睦团结，为孩子创造健康成长的良好环境。这样，父母的威信不但不会降低，反而更高了。

同时，在家庭教育中，父母如果从不向孩子承认自己的缺点、过失，孩子就会产生"父母永远正确而实际上老是出错"的观念，久而久之，对父母正确的教诲，孩子也会置之脑后；而如果在对孩子做错事后，父母能郑重地向孩子认错、道歉，孩子就会懂得承认错误并不是一件可耻的事，就会提高分辨是非的能力，尝到原谅别人的甜味。

父母怎样才能做到向孩子认错呢？在向孩子认错时，父母又应注意些什么呢？

第一，父母要改变观念，放下思想负担，正视自身的错误。"每个人都有犯错误的权利"，同时，每个人还有改正错误的义务，不可能因为"为人父母"了就会不犯错误，也不可能因为孩子的爱戴而使错误消失。既然任何人犯错误都是难免的，那么犯了错误也就不必过分羞愧，而应将精力放在改正错误上，只要改了"就是好同志"！因此，向孩子认错并不丢"面子"。

第二，父母道歉的态度很重要，不能太过于生硬、轻描淡写。如果父母采取错误的态度，即使道歉了也不能挽回什么，只会加深误解，因为孩子是十分敏感的，很容易就能意识到父母是不是在敷衍。因此，父母应用真诚的态度来道歉，不要碍于面子或者身份而不愿意对自己的孩子道歉或者只是略微地说一下。

　　第三，要想让孩子从心理上接受父母犯错误的事实，必须与孩子多交流。通过交流，让孩子知道父母也是会犯错误的，但是，自己绝不是故意要伤害孩子的感情，而看到孩子的感情受伤，自己实则也很内疚。孩子只要感受到父母的悔过之情，自然就会理智地对待犯错误的父母了。

　　总之，凡是要求孩子做到的，父母自己也应该带头去做、认真做好。当父母违背了自己说过的事，要敢于向孩子承认错误、做检讨，孩子才会感到父母的说教真实可信，不是居高临下的骗人把戏。这样，孩子就会自愿自觉地按照父母的要求去做，并在犯错后勇于承认。父母勇于向孩子认错，这是一种无言的人格力量，对孩子的一生都会有着深刻的影响。

第二章　孩子的生活孩子是主角

动物会在孩子长大后把它们从身边赶走，逼迫孩子学会独自生存的能力。这种行为貌似残忍，实则最有利于后代成长。作为高级动物的人类，有多少父母能狠下心这样做？父母对孩子发自内心的百般呵护，是爱孩子还是害孩子？为什么现在的孩子自立能力差？

其实，孩子不能自立的责任在父母，只因为父母过于娇惯。要知道，不能自立的孩子无法在社会中生存，所以，真正的教育并不是给予援助，而是培养自立的人。

培养孩子的自我意识

有位心理学家在做动物实验时曾遇到这样一件有趣的事情：他给小猴子一些木块，让它用木块换糖吃，换到后来，木块用完了，它就用自己的尾巴来换糖。这使心理学家捧腹大笑。为什么看起来挺聪明的小猴子会做出如此可笑的动作，而再笨的孩子也不会用自己的手或脚去换糖吃呢？原因在于，猴子不能把自己同周围的事物区别开来。而人则不同，人能够认识自己以及自己同周围世界的关系，人有自我意识。实际上，有无自我意识是动物和人在心理上的分界线。

自我意识是指一个人对自己的认识，包括对自己和周围人的关系的认识。自我意识在人的心理活动和行为中起着调节作用，是行为的强烈动机，它对孩子的心理发展意义重大。孩子怎样认识自己、怎样安排和处理自己同周围世界以及同别人的关系、怎样评价自己的能力、具有什么样的自我价值观、树立什么样的自我形象等等直接地影响他们能否积极地适应社会、能否保持心理健康、能否在学习和生活中顺利前进和发展。

父母培养与利用孩子的自我意识，可以有效地促进其学习与心理健康水平。一个具有良好自我意识的孩子，会在各方面表现出优秀的才能，从而轻易地取得成功。反之，如果孩子在自我意识的发展中出现了不良倾向，又没有及时调整，会使孩子的个性和行为发生偏异，以后矫正就困难了。所以，父母应当注意培养孩子良好的自我意识。

出生于1991年的枚枚从小生活在一个温暖的家庭里，她的父母十分注重培养她的自我意识。这不，在她结婚并有了自己的儿子甘顺后，她也开始给孩子"放权"。甘顺上小学一年级时，枚枚就开始让他每天走5分钟的路程到小区值班室去拿牛奶。

一开始那几天，甘顺很高兴，准时跑去拿牛奶。但有个星期天，他赖在床上不肯起来去拿牛奶了，说自己好困好困。枚枚说："如果送奶工人也说困，不起来送奶了，那大家有奶喝吗？我困了，不起来做早餐，你不就要饿肚子了吗？该自己做的事，不可能因为有了困难，就可以不做的。如果你不去取牛奶，那我们全家人可就要缺少一顿美餐了。"

甘顺一听，马上意识到自己在家庭中的重要位置，他低着头，不好意思地说："妈，我知道了，我以后再不会赖床了。因为我发现，你们不能缺了我！"

心理学家认为，孩子在成长的过程中，建立和明白自己的界线非常重要，只有明白了自己的界线，才能在自己的界线内负责，这是孩子成长的关键。故事中，甘顺有了强烈的"自我意识"，开始认识到自己在家庭中所处的位置，这是很值得父母高兴的事。

那么，如何培养孩子良好的自我意识呢？父母应该努力做到以下几点：

第一，培养孩子的自我认识。父母引导孩子进行正确的自我认识，主要是引导孩子解决两个矛盾：孩子自己心目中的"我"与实际的"我"的矛盾；自己心目中的"我"与他人心目中的"我"的矛盾。在操作中，父母引导孩子认识实际的"我"，可以通过一些比较，使孩子逐渐对自己有准确的认识。比如：让孩子同过去的"我"比较，用笔记、摄影、录音记下孩子的成长过程，过一段时间拿出来让孩子看看、听听，让孩子由此知道"我"的进步、退步或停滞；让孩子与同龄的孩子比较，认识自己的发展状况和能力水平，了解自己的长处和短处；让孩子与成人和优秀人物比较，认识自己的差距，提高孩子努力和进取的意识；让孩子同进行活动前后的"我"比较，给孩子布置一些孩子做起来吃力，但经过努力可以完成的任务，使孩子了解自己潜在的能力。

第二，培养孩子的自我评价能力。自我评价是自我意识的核心，它对于孩子道德品质的形成、道德行为的培养是极为重要的。父母应当为孩子创设自我评价的情境，促进孩子自我评价能力的发展。要知道，孩子最初的自我评价能力是根据成人对他的评价而形成的。因此，父母对孩子的评价应当比孩子的实际情况略高一点，使孩子经过努力可以达到，这样有利于培养孩子的自尊心和自信心，使孩子能够用积极的、向上的要求来评价自己。另外，父母要努力安排一些孩子经过努力能够取得成功的活动。成功的次数越多，孩子对自己成功方面的评价越高；成功的范围越广，孩子对自己的全面评价也就越高。这样有利于培养孩子自信、自我接受、勤奋、乐观的个性，使自我意识中积极的成分占主导地位，从而促使孩子获得更多、更大的成功。

第三，教育孩子接受与悦纳自我。悦纳自我是发展健全的自我意识的核心和关键。一个人先应该自我接纳才能被别人所接纳。只有在自我悦纳的基础上，培养孩子自信、自立、自强、自主的心理品质，才能促进其发展自我和更新自我。

第四，引导孩子有效地控制自我。自我控制是人主动定向地改变自我的心理品质、特征和行为的心理过程。有效地控制自我是健全自我意识、完善自我的根本途径。因此，应该从小就要发展孩子的自我调节与自我控制能力，使他们尽早实现自我教育的功能。

要理解孩子的感受

法国著名教育家卢梭在《爱弥儿》一书中指出：儿童期的存在是自然规律。他说："大自然希望儿童在成人以前就要像儿童的样子。人们应该尊重儿童、尊重儿童期。如果我们打乱了这个秩序，我们就会造成一些早熟的果实，它们长得既不丰满也不甜美，而且很快就会腐烂，我们将造就一些年纪轻轻的博士和老态龙钟的儿童。"卢梭还认为，儿童具有不同于成人的精神生活。儿童是有他们特有的看法、想法和感情的，如果想用我们的看法、想法和感情去代替他们的看法、想法和感情，那简直是最愚蠢的事情……其实，卢梭儿童观中最重要的内容：孩子已经是真正意义的人，父母要学会尊重和理解孩子。

陶行知说过："我们必须要变成小孩子，才配做小孩子的先生。"他还说："你不可轻视小孩子的情感！他给你一块糖吃，是有汽车大王捐助一万万元的慷慨；他做了一个纸鸢飞不上去，是有齐柏林飞船造不成功一样的踌躇；他失手打破了一个泥娃娃，是有一个寡妇死了独生子那么的悲哀；他没有打着他所讨厌的人，便好像是罗斯福找不着机会带兵去打德国一般的怄气；他想你抱他一忽儿而你偏去抱了别的孩子，好比是一个爱人被夺去一般的伤心"。与卢梭儿童观一样，陶行知所提倡的，也即是父母要懂得理解孩子的感受。

父母的理解对于一个孩子的健康成长有着十分重要的意义，它是使家庭教育步入正轨的重要前提。许多父母都有这样的体会：孩子愈大，便愈难与他们沟通，甚至不知应该怎样去交谈。当父母抱怨孩子不理解自己时，试问，自己又何尝理解孩子呢？特别是很多90后父母，由于自己从小生活的家庭环境就相对优越，一向受到父母的宠爱，从而养成了唯我独尊的意识。而当面对自己的孩子时，他们也就常常自觉不自觉地表现出一副高高在上的态势。

当然了，有些父母以长者自居，他们总能找到借口——孩子小、不懂事，必须一切听自己的指挥。因此，在和孩子交流的时候，他们往往不考虑孩子的感受、不体恤孩子的心情，以命令式口吻对待孩子。比如：孩子不肯睡觉，孩子不肯起床，孩子不肯做某件事，孩子无视父母的提醒……所有这一切都可能使父母气急败坏失去理智，进而将一团怨气发泄在孩子身上。其实，孩子要做某件事或者不肯做某件事都会有自己认为很充足的理由，尽管有时候他的理由在父母看来丝毫站不住脚，但父母都要给予充分的理解。如果父母武断地批评孩子，孩子就会反感，慢慢地孩子就不愿意跟父母沟通了。

这正是青春期遇上更年期的尴尬，一方面，父母的主观权威性使得他们爱把自己的意愿和理想强加在孩子的身上，对孩子期望值过高；另一方面，这一阶段的孩子正处于从幼稚向成熟过渡的时期，容易有抵触情绪，想要摆脱父母的控制。

心理学研究证实：孩子与父母早年形成的亲子关系，是其今后与他人建立人际关系的基础。如果孩子在幼年期不能与父母形成亲密和谐的关系，那么孩子长大后就很难与他人建立融洽的关系，人格发展的障碍和社会适应困难就难于幸免。这样的孩子在青少年期就可能表现出缺乏安全感、自卑，苛求自己和他人等人格特点，而这正是抑郁症、恐惧症和强迫症等心理障碍的高危人群。

成功的父母往往是因为他们懂得理解孩子内心的真实需要，他们懂得如何尊重孩子，懂得倾听孩子说话的重要意义。同时，父母对子女说话时应该有正向的目的，例如提供知识信息、解决疑难、分享情感，表达自己的意见等。对话时，一定要注意语气与态度，尽可能经常微笑，以欢愉、平和的声音，显示出友善、冷静的态度以达到沟通的效果。父母如果能表现友善，不以强者的权威压制孩子，往往会得到孩子相对的友善。

总之，理解就是无条件地接纳别人的感受，理解不等于同意，理解也不等于同情，理解是设身处地地将心比心。

德国教育学家和哲学家斯普兰格说过："人的一生中，再也没有像青年时期那样强烈地渴望被理解的时期了。没有任何人会像青年那样沉陷于孤独之中，渴望被人接近与理解；没有任何人会像青年那样站在遥远的地方呼唤。"如果说父母与孩子是站在不同的两个地方遥遥相望的两个人的话，那么，理解就是一座桥，理解之桥，是沟通父母与孩子心灵的桥，是化解父母与孩子之间的许许多多隔阂、误解、矛盾甚至仇恨的桥。有了这座桥，父母与孩子就会生活在崇德崇义、和睦相处的美好家庭里。假如没有理解之桥，那么，家庭必将会出现许多遗憾和不幸。

如果父母在孩子面前只顾自己的感情需要，而不顾及孩子的心理需求，孩子就会感到孤独，这对孩子一生的健康成长都是不利的。所以，作为父母，应经常倾听孩子说话、了解孩子的内心需要，而当父母愿意倾听孩子的心声、了解孩子的意见或问题时，实际上就是对孩子的尊重、对孩子的理解。

尊重孩子的个人隐私

隐私是每个人藏在心里、不愿意告诉他人的秘密。人人都有自己的隐私，孩子也不例外。随着孩子年龄的成长，他们的生活领域、知识、情感都逐渐丰富起来，孩子的自我意识、自尊意识不断增强，原先无所顾忌敞开的心扉也渐渐关闭起来。然而，很多父母没有意识到孩子正在长大，忽略了孩子也会有自己的秘密，总认为自己是孩子的父母，可以尽情进入孩子的世界、随意侵犯孩子的隐私。

　　一位母亲平时只要谈论起自己的孩子便滔滔不绝，言谈中透露出教子有方的神态。可有一天，谈及儿子时她竟伤感地说道："儿子大了，瞧不起我啦！"

　　事情的原委是这样的——

　　一天，她发现上高中的儿子焦躁不安地在自己的屋子里走来走去。她隐约知道，儿子在谈恋爱，碰到了什么变故。她心里替儿子着急：儿子啊儿子，你可别想不开走到绝路上去！过了一会儿，儿子出门了。她按捺不住急切的心情，撬开了儿子的抽屉，偷看儿子的日记。可是，她的手却像被烫了一样——儿子在日记本中夹了一张纸条，上面写道："妈妈，我料定您会偷看我的日记，我瞧不起您这种行为！我有烦恼是自己的事，我能挺过这一关！你不必管我。"这位母亲感叹地说："我低估了孩子的能力。还是应该尊重孩子啊！"

　　如果父母为了了解孩子而侵犯孩子的隐私，这往往会得不偿失。事实证明，这样做只会伤害孩子的自尊，孩子会因为自己的隐私受到侵犯而采取更极端的措施将其保护起来，把自己的心紧紧锁闭。

　　父母侵犯孩子隐私，带给孩子的危害是十分巨大的——

　　第一，削弱孩子与亲人的亲密关系。孩子的隐私常被侵犯，父母又不善于补救，其结果必定是孩子对父母反感、不信任。一旦双方形成隔阂，再对孩子进行有效教育就困难了。

　　第二，伤害自尊心。世界著名教育家斯特娜夫人说："自尊心是一个人品德的基础，若失去了自尊心，一个人的品德就会瓦解。"每个人都有自尊心，孩子作为一个独立的个体，同样也具有自己敏感的自尊心。

第三，打击自信心。孩子希望独立，希望在某一领域不受干预，即使做错了事，也愿偷偷改，学习落后了，有着暗自追上去的自信。在这方面的隐私，父母不应该侵犯，不然，孩子的自信心受到打击。

第四，削弱自省力。比如，父母偷看甚至宣扬孩子的日记是不可取的。同样，孩子向父母吐露的心事也不可随意宣扬。这方面隐私受到侵犯，孩子就会大大削弱自省的欲望和能力，有碍其健康成长。

第五，麻痹羞耻心。如果孩子的过失被随便揭开，久而久之，他就会变得麻木，渐渐就会有了"破罐子破摔"的心理。

可喜的是，孩子隐私受到侵犯的现象已越来越受到社会的广泛关注。据有关媒体报道，从 2009 年 10 月 1 日起，《湖北省实施〈中华人民共和国未成年人保护法〉办法》在湖北省全境正式施行。该法规中，有关保护未成年人隐私权的部分保留了此前备受争议的"禁止父母私自查阅未成年人聊天记录、短信"的条款。根据该法规规定，任何组织和个人不得披露未成年人隐私。对未成年人的信件、日记、手机短信、电子邮件、网上聊天记录及其他个人信息，未经同意，任何组织或个人不得查看、隐匿、毁弃、公开。这意味着，即便你是家长，没征得孩子同意也不能私查孩子的短信。否则，将属于"违法行为"。

由此可见，尊重孩子的隐私权，保护孩子的自尊心，意义非同小可。陶行知先生说："我们应该承认儿童的人权，我们解除儿童痛苦，增进儿童福利，首先要尊重儿童的人权"。在实施素质教育、倡导民主教育的今天，让我们都来大声疾呼——请尊重孩子的隐私权，进而全面做到尊重孩子的人权，因为孩子不是任何人的"私产"。

尊重孩子的隐私，在家庭教育中应当表现为更多的契约精神和民主、协商的方法和方式。比如，父母进入孩子房间应该先敲门；移动或用孩子的东西应该得到他的允许；任何牵涉到孩子的决定应该先和孩子商谈；不要随意翻看孩子的日记或隐私；应该尊重孩子的所有权利，把孩子当作成人一样尊重。

从教育学的角度来说，拥有隐私对于孩子的成长具有很重要的作用。人们都知道，走向独立是现代人的基本特征之一，而拥有个人隐私并能恰当处置是走向独立的要素。对个人来说，隐私往往与责任相连，并且要独立承担责任。从这个意义上讲，没有隐私的"水晶人"是永远长不大的。

隐私是孩子成长的养料。父母应该允许孩子有隐私，如此，孩子的生活才有可能更加精彩，孩子才有可能更加地独立和成熟。

让孩子从心理上断奶

在孩子的成长过程中，有两个"断奶"时期，即生理断奶期和心理断奶期。生理断奶期在孩子一周岁左右的时候，而心理断奶期则一般在孩子长到青春期时。

心理学家研究发现，处于心理断奶期的孩子，感情波动最大，他们向往独立却又难以自立，常自以为已经长大成人而不再对父母言听计从，但在行动上却常表现得幼稚和偏颇。如此，父母只要把握好度，别让孩子沾染不良习惯就可以让孩子顺利度过心理断奶期。

但是，很多父母在孩子青春期时并不注意培养孩子的独立意识，他们甚至不让孩子有独立的思想，以至于孩子一直处在父母庇护下……

心理不能断奶的孩子，难以有良好的社会适应能力，他们承受挫折的能力、面对压力的能力都很弱，在生活中稍有不如意，就可能对自己、对生活失去信心，或者自暴自弃，或者怨天尤人，如果长期遭受挫折、压力等，又不能调节，那么就可能产生抑郁、烦躁、焦虑等一系列心理问题。

其实有时候，父母完全没必要什么事都去管，应该让孩子学会自己去做。孩子并不像大人想象的那样脆弱，其实可以做很多事情，只是因为父母的溺爱，而剥夺了他们自立的能力。

为了让孩子从心理上断奶，美国父母往往让孩子从婴儿时期起就独居一室，等他们长到三四岁时有了想象力和恐惧感以后，也会闹着和父母一起睡。此时的父母不是让孩子和他们一起睡，而是想方设法让孩子独居一室而不害怕。他们所采取的措施包括让带有父母气息的大衬衣陪伴孩子，让孩子的布狗熊陪伴他，或者开一盏小夜灯，让孩子安心入睡。而训练孩子自主进食则从孩子六七个月时就开始了。你可以看到小婴儿用双手乃至双脚，像可爱的小考拉一样捧着奶瓶喝水；又或者是坐在婴儿椅中，用勺子甚至手抓吃辅食，弄得满脸都是猪肝泥和玉米糊。美国父母宁可孩子弄脏桌子和地面、把自己的衣裳和脸面糟蹋得像个大花猫也决不去喂孩子，而是一定要让孩子学会自主进食。在冬天，大部分美国家庭会带着孩子外出滑雪，父母会教孩子依据山坡的走向来判断雪深和滑速；在每一个拐弯点和"追降点"上判断后面会不会有滑速更快的人"追尾"。一些小滑雪能手还被父母带出去"夜滑"，父母会教他通过观察星空来判断滑道的方向。外出旅行时，父母会让孩子观察山涧的水势，教会他寻找最浅、水流较缓的涉水点，以安全地徒步通过。上山时，他们不会让孩子坐缆车，而是教孩子看地图选择登山路线，并根据路线来确定自己要不要带保护绳和拐杖、带足够的食物和饮用水。经过多次跋山涉水的锻炼，孩子逐渐成为胆大心细的小冒险家。

是的，在解决孩子心理断奶的问题上，需要父母的不断努力。其中，最重要的是，父母要学会放手，要让孩子独立承担风雨，要让孩子独立面对困难。只有这样，孩子才会有一个美好的未来。

让孩子学会与人分享

我们发现，在实际生活中，最受欢迎的孩子往往不是最漂亮的，也不是最能说会道的，而是有好东西能够想到朋友和朋友一起分享的孩子，也就是表现比较大方的孩子。如果孩子从小能够学会与他人一起分享，这将是他一生受用不尽的财富。

在独生子女家庭中，很多孩子都表现出唯我独尊、占有欲强，通俗一点就是"小气"的特点。这些孩子不会分享，表现为：我的东西别人不能动，我的玩具别人不能玩，好吃的我自己吃独食等。他们不愿意为别人着想，一切以自我为中心，根本不顾及他人的感受，以致越来越自私。

现实生活中，没有分享意识的孩子并不少见。一旦孩子出现小气行为后，家长往往不分析原因就分辩："家里只有一个孩子，要是有两三个孩子便知道分享了""长大就好了。"实际上，独享在孩子小时候可能不是什么大毛病，但对孩子的发展非常不利。

首先，不懂分享会影响到孩子的人际交往。小气的孩子更容易孤独，因为小气，不愿分享，这些孩子往往被孤立。他们的身边少有朋友，大家都不愿意跟他一起玩，这将影响孩子健康人格的塑造。

小气的孩子本能地体现出一些自私、专断的生活习性。对于接受与索取，他们欣欣然，但对于付出与分享，他们却颇不以为然。即使表面上分享了，但实际上内心是极不情愿的，于是，表现出来的则是不够爽快、犹豫不决等。这样的孩子会让人感觉缺乏魄力，没有主见，从而让人不信任，影响其今后的发展。

家长应该帮助孩子改掉小气的毛病。及早启发孩子懂得分享、谦让、沟通、心里想着别人，这样才有可能共享欢乐，互利互惠。也只有这样，孩子在学校里、社会上，才能更好地与周围人相处和合作，才能在当今这个资源共享的社会得到更大的发展空间。如果一个孩子从小就不懂得分享，独断专行，那么，就很难形成一种良好的人际关系，更谈不上立足于社会。

那么，家长应该怎样让孩子学会分享，并乐于分享，养成喜欢分享的习惯呢？

1. 家长应该帮助孩子建立安全感

在物质比较丰裕的今天，这点不难办到。因为以自我为中心的前提是物资上的匮乏，所以家长给了孩子满足，孩子在获得安全感后，自私的想法就会淡化。比如，如果孩子只有一颗糖果，他当然不喜欢把它分给别人。但是如果孩子有很多糖果，他就会留出自己的部分，乐意让别人去分享剩下的部分，当他体验到分享的快乐时，逐步减少他自己的分量甚至完全共享也是完全可以做到的。张妈妈经常在放学接儿子的时候，给儿子带很多小食物，要他分给小朋友们。一开始儿子不肯，妈妈告诉他家里还有很多很多，他才放心了，而且当看到朋友们拿到东西的喜悦，孩子慢慢开始变得热心了，并主动给每个小朋友友分发。

2. 家长应该帮助孩子树立正确的利益观

让孩子学会与朋友分享，体验"给予"所带来的快乐。告诉孩子，好吃的东西要和爸爸妈妈一起分享，不要一个人独自享受。如果家里还有爷爷奶奶和外公外婆，那么要把好吃的东西和大家共同分享，每人都有份儿。

3. 通过换位思考，引导孩子与他人分享

从孩子懂事开始，家长就要让孩子学着与别人分享东西。比如，在饭桌上，家长可以让孩子学着给长辈夹菜，鼓励孩子给爸爸妈妈拿东西，教孩子给客人让座。让孩子做这些力所能及的事，从中体会做有益于他人的事而带来的喜悦。

有位母亲是这样教育孩子与人分享的：

周末，妈妈带小小去公园游玩。小小又累又渴，要求坐在路

边的凳子上喝点东西。

妈妈给小小拿出了一袋饼干和牛奶。这时，妈妈看见一个小女孩也坐在旁边，正看着小小吃饼干。妈妈知道，小女孩也饿了，也许和她一起来的大人去给她买吃的了。

妈妈对小小说："儿子，给小妹妹吃点饼干。好吗？"

"不，我要自己吃！"小小显然有点不乐意了。

妈妈耐心地引导小小："宝贝，如果妈妈有事不在这儿，这位小妹妹有饼干吃，你想不想吃呢？"

"想吃。"小小几乎是毫不犹豫地回答。

"这就对了，现在你拿一些饼干给小妹妹吃，下次妈妈不在你身边的时候，小妹妹也会把好吃的东西分给你吃的。"

小小看了看妈妈，又看了看小妹妹，把自己的饼干送到了小妹妹的跟前。

大多数孩子不愿意把自己的东西分给别人，但他却希望能够分享到他人的东西。家长应该充分了解孩子希望获得他人东西的心理特征，通过换位思考，让孩子站在他人的角度去思考问题，引导孩子与他人分享自己的东西。

4. 家长可以让孩子多结识大方的同龄朋友

大人有大人的世界，孩子有孩子的世界。大人的榜样非常重要，那么同龄人之间的互相学习会更快，孩子会下意识地向同龄人学习和比较。如果孩子身边的朋友大多能与人分享，那么自己的孩子也会很快学习到，环境是很重要的因素。

5. 让孩子之间互通有无

有一个妈妈为了让孩子学会更好地分享，是这么做的：

只要给孩子买了他喜欢的玩具、画片或者图书，这位家长都鼓励孩子带到学校去，并且鼓励他与其他孩子交换自己的玩具、画片或者图书。妈妈教育她的孩子说："只要你把自己喜欢的玩具借给别人玩，那么，别人也会把好玩的玩具送给你玩，这样你们就有很多好玩的玩具可以玩，也有很多的图书和画片可以看。"

慢慢地，这个孩子尝到了分享的快乐，以后，不用妈妈提醒，他都会把新买的玩具带到学校，跟其他小朋友一起分享。

6. 家长不要拒绝孩子的分享行为

日常生活中，许多家长宁可自己受苦也不愿让孩子吃苦，好吃的、好玩的、好用的统统都让孩子独自享受。

我们经常会看到这样的一幕：孩子诚心诚意地请爸爸妈妈或者爷爷奶奶一起吃好东西，家长却坚决推辞，说："你吃，你是孩子，我们是大人，大人不吃！"或者说："让你吃你就吃，装什么样子！"就这样，孩子与人分享的好意被家长给扼杀了。久而久之，孩子也就没有了谦让与分享的习惯了。

因此，要想培养孩子与他人分享的习惯，最重要的是家长首先要学会坦然地与孩子分享，成为与孩子分享的伙伴，让孩子接受和别人分享的现实，让孩子去发现分享过程中的乐趣和成就。比如在家里，父母可以让孩子为每个家庭成员分苹果、分橘子等，教孩子学会尊老，先分给爷爷奶奶等长辈，再分给爸爸妈妈，然后才分给自己。在分东西的过程当中，孩子不仅学会了与人分享，而且明白应该尊敬长辈、关心父母。

7. 别让孩子做"假分享"的游戏

在生活中你是否经常见到这样的一幕：

小宝贝正吃着自己最喜欢的东西，奶奶假意试探说："乖乖，给奶奶吃点。"小宝贝乖巧地跑到奶奶跟前，拿着饼干往奶奶嘴里送，奶奶假装咬了一口，说："乖乖真乖，奶奶不吃，你吃吧！"孩子一看，自己的东西不但没有被奶奶吃掉，还得到表扬，心里喜滋滋。接下来，为了测试孩子是否真的"大方"，爷爷、姑姑、爸爸、妈妈都会如此训练一般。而孩子每次都很大方地配合大人们的"表演"。孩子料定，大人是不会真吃自己的。

因为知道独享是自己的专权，孩子从小就不懂得有东西应该跟家长一起分享，从小就有了自私的观念，这对孩子的成长是不利的。因此，要想培养孩子的分享意识，请家长不要跟孩子玩"假吃"的游戏。

在教育孩子学习与人分享时，家长要注意一定的原则和技巧，比如要让自己的孩子和别的孩子分享他所喜爱的玩具，切忌对他进行强迫，也无须向他讲一些空洞的大道理。不妨这样跟他说："你玩一会儿，让他玩一会儿，你们俩都能高兴，不是很好吗？"适当地引导孩子，积极有效地对孩子进行鼓励、赞美，能让孩子感到分享对他不是一种剥夺，而是一种增添更新、更多乐趣的机会。当孩子较小时，家长不妨就对孩子进行这方面的训练。比如，当孩子手中拿着画册时，家长可以拿着一个玩具，然后温柔地、慢慢地递给他玩具，并从他手中取走画册。这样通过反复训练，孩子便学会了互惠与信任。此外，家长还可以从侧面出发，想一些比较特别的点子，让孩子体验到与人一同分享玩具时可以玩出一些新的花样，可以体验到更多的快乐，这样做能吸引孩子主动尝试与小伙伴一起分享。

不要过度保护孩子

在《给妈妈的一封信》的作文里，一位初三的学生这样写道：

妈妈，您为了让我一心一意地学习，平时什么活都不让我干。每到节假日，我总想帮您做点家务活儿，但您却说："不用你干，你只要努力认真学习，就算帮了妈妈的忙了。"一个星期天，您从街上买菜回来，我兴奋地想帮您择菜，您却说："你放下吧！下星期考试多考几分就行了。"我心里清楚，您这是斥责我单元考试名次没有排在前面。我扔下菜，跑回自己的房里伤心地哭了。

妈妈，您对女儿学习生涯的关心照料是"无微不至"的，然而，您知道吗？您的女儿多么想求得您对女儿的懂得，多么渴望您不再像保姆似的"关照"我，"取代"我，而是像航手一样用您那丰富的经验为我指引航向，让我在大千世界的海洋里搏击、斗争、成长。

这位女生的肺腑之言说出了许多孩子的心里话。冰心曾说过："有时候，母爱并不是健康的，反而害了子女。譬如，'小皇帝'的出现。"这也就是说，对孩子过度的保护会成为一种伤害。

一所学校组织学生去参加夏令营，一个学生的父亲怕孩子受不了，竟然请了假，骑着车远远地跟在学校队伍的后面。到了晚上，老师查铺时发现床底下有个人，叫出来一看，原来是那个学生的父亲。这位父亲说，孩子第一次出远门，不放心，怕他晚上睡觉从床上掉下来，弄得老师哭笑不得。

孩子在成长的过程中，必须要经历一些磨难，这是一种规律。"酸甜苦辣都是营养，生活百味都要体验。"如果父母把磨难和体验全部省略了，一切都替孩子包办，看上去是顺利了、舒适了，结果却会使孩子软弱而闭塞、胆怯而无能。现在出现一种"30岁儿童"现象，即一个人都到了而立之年，凡事仍不能自立，没有长辈陪在身边就惶惶不可终日。

在美洲辽阔的草原上，生活着一种雕鹰，它有着"飞行之王"的美誉。它飞行的时间之长、速度之快、动作之敏捷，堪称鹰中之最。被它发现的小动物，一般都难逃脱它的捕捉。但谁能想到那壮丽的飞翔后面却蕴含着滴血的悲壮。

当一只幼鹰出生后，没享受几天舒服的日子，就要经受母亲近似残酷的训练。在母鹰的帮助下，幼鹰没多久就能独自飞翔，但这只是第一步，因为这种飞翔只比爬行好一点。幼鹰需要成百上千次的训练，否则就不能获得母鹰口中的食物。第二步，母鹰把幼鹰带到高处或悬崖上，把它们摔下去，有的幼鹰因胆怯而被母鹰活活摔死。但母鹰不会因此而停止对它们的训练，母鹰深知，不经过这样的训练，幼鹰就不能翱翔蓝天，即使能，也会因为不能捕捉到食物而饿死。第三步则充满着残酷和恐怖，那被母鹰推下悬崖而能展翅飞翔的幼鹰将面临着最后也是最关键、最艰难的考验：因为它们那正在成长的翅膀会被母鹰残忍地折断大部分骨骼，然后被再次从高处推下。有很多幼鹰就是在这时成为悲壮的祭品，但母鹰同样不会停止这"血淋淋"的训练。

有的猎人动了恻隐之心，偷偷地把一些还没来得及被母鹰折断翅膀的幼鹰带回家喂养。可后来猎人发现，那被自己喂养长大的雕鹰至多能飞到房屋那么高便要落下来，那两米多长的翅膀反而成了累赘。

原来，母鹰残忍地折断幼鹰翅膀中的大部分骨骼，是决定幼鹰未来能否在广袤的天空中自由翱翔的关键所在。雕鹰翅膀骨骼的再生能力很强，只要在被折断后仍能忍着剧痛不停地展翅飞翔，使翅膀不断地充血，不久便能痊愈，而痊愈后的翅膀则似神话中的凤凰一样死后重生，将长得更加强健有力。如果不这样，雕鹰也就失去了这仅有的一个机会，它也就永远与蓝天无缘。

为了让幼鹰健康成长、学会生存，母鹰不得不残忍地对孩子下"毒手"。同样，在现实生活中，父母如果过度保护孩子、舍不得对孩子下"毒手"，孩子就会容易缺失生存的能力，对其一生都会造成极大的不利的影响。

培养孩子的动手能力

现代的中国家庭里，父母真正让孩子动手的机会并不太多。孩子小的时候，父母总觉得孩子小，不舍得让孩子做什么；等孩子长大了，觉得孩子功课任务重，压力大，再没时间培养孩子的动手能力了。

有位教授曾这样比喻现在的孩子的现状："教育的本质是什么？教育的规律是什么？说得刻薄些，这恐怕是连许多动物都懂得的道理。大鸟一圈圈地领着小鸟飞行，大鸡一次次地领着小鸡捉虫。这不就是教育吗？只是，后来，大鸟和大鸡进化了，变成了高等动物，它们决定学习高等动物的榜样——人类，它们建起了小学、中学和大学，从此，它们把自己的小鸟小鸡关在学校里，让它们坐在那儿听飞行课和捉虫课，从基础课到专业基础课再到专业课……它们讲得天花乱坠，小鸟小鸡却听得昏昏欲睡。但最终结果怎样呢？飞行、捉虫的本领依然不会……终于毕业了，小鸟小鸡离开学校后，发现还要重新在生活和工作中学习飞行和捉虫的本领。"可见，不让孩子动手，什么都等于零。

其实，这是90后父母养儿育女的真实写照，同时也是90后作为孩子所接受到的教育，以至于现在的90后父母，自己本身的动手能力就很差。

孩子动手能力差，主要原因包括以下三种：一是父母过度的担心。孩子小不会做事，怕他出事，或怕孩子损坏东西，许多事不让孩子自己动作去做，而由父母包办，孩子失去了一次次动手的机会；二是家庭装饰摆设成人化，没有孩子动手的小天地。孩子进了家门，这不许动，那不许碰，玩具不能自由拿放，孩子可活动的空间太小；三是孩子动手材料少。父母花钱买的玩具，外表虽美观，但大多数是机械或电动的，不能拆拼，孩子缺乏动手材料。

教育家陶行知先生说过："教学就是一件事，不是三件事。我们要在做上教、做上学。"做，就是要动手去体验，体验生活，体验知识，体验社会。

父母从小培养孩子的动手能力，有其重要的意义：

第一，手的活动能促进大脑的发育。心理学告诉我们，人的心理活动（包括智力活动）是大脑的机能。一个人智力水平的高低、创造能力的强弱都取决于其大脑的机能是否成熟与发达。让孩子多动手就能促进大脑很大一块区域的发展，当孩子双手活动时，指头上的神经细胞会随时将信息传到大脑，因而加强孩子双手的活动是开发大脑潜在机能、培养创造性的重要环节。

第二，手的活动能培养孩子的创造能力。有一位名叫丰丰的7岁小朋友，他本来具有很好的创造性思维和想象，只是他不善于表达自己，没办法用语言流畅地表现他的创造力，给人一种愚笨的印象。针对丰丰这样的表现，老师训练他用自己的巧手来表达他的思维与想象，让他动手做一些手工，一段时间后，他有了十分明显的变化，既避免了言语能力差带来的缺陷，又充分地发挥了他的创造力。

第三，手的活动能培养孩子的自信心、敢想敢干的大无畏精神和坚持到底的意志品质。从小培养孩子的动手能力，不仅让孩子获得表现自己创造力的机会，还可以使他对自己的聪明才智产生足够的信心，养成他敢说敢干的精神和坚持到底的顽强意志，这对孩子今后的发展将有深远的影响。

实验证明，聪明的孩子与其从小酷爱手工活动不无关系，曾荣获1922年的诺贝尔物理学奖的科学家尼尔斯·玻尔，他在科学研究中表现出的敢想、敢说、敢干精神和自信、顽强的态度与他在童年所受的家庭训练以及他从小热爱手工活动有着密切的关系。

面对孩子动手能力差的现状，父母可从以下三方面进行培养：

第一，教孩子生活自理，鼓励孩子自己洗手、洗脸、刷牙，家中的一些家务活，如包饺子、择菜等，可让孩子动手和父母一起做。

第二，为孩子购买一些操作性强的玩具，如橡皮泥、拼图、积木等，让孩子动手拼装。

第三，根据孩子的兴趣教孩子绘画、泥工、剪贴等，在动手的同时也培养了孩子的创造能力。

儿童时期的习惯培养就像一粒种子，等到秋天要收获的时节才匆匆忙忙开始播种，就已经太晚了。而在生命的春天就开始有意识有计划地撒种、灌溉、施肥，才能让这小小的种子及早发芽、茁壮成长。动手能力是孩子的一个非常重要的能力，它的培养也要在儿童时期开始。很多家长都有"长大了自然就好了"的想法，这对孩子太冒险了，因为孩子的成长道路，会有很多不确定因素。我们不知道孩子会遇到什么，如果一切都寄托于随着孩子的年龄增长来解决本应该由我们承担的责任，这似乎并没有尽到为人父母应尽的义务。

孩子需要自己承担责任

随着社会的发展和进步，一个人的能力变得非常重要起来，但只有能力还是不够的。如果说人才是由知识能力和道德品质两方面构成的话，那么，作为"软件"的道德品质在某种意义上说比作为"硬件"的知识能力更为重要。基于这种认识，90后父母在教育孩子的过程中，要始终注意对孩子进行思想品德教育，把培养孩子的义务和责任心作为家庭教育的主要内容。

上世纪初期，有位11岁的美国男孩踢足球，一不小心踢碎了邻居家的玻璃，邻居要求索赔12.5美元。当时，12.5美元可以买125只鸡蛋。闯了大祸的男孩向父亲认错后，父亲让他对自己的过失负责。男孩为难地说："我没有钱赔人家。"父亲说："这12.5美元我借给你，一年后还我。"

从此，这位男孩开始了艰苦的打工生活。经过半年的努力，他终于挣足了12.5美元，还给了父亲。这位男孩就是后来成为美国总统的里根。他在回忆这件事时说，通过自己的劳动来承担过失，使他懂得了什么叫责任。

苏联教育家马卡连柯明确指出："培养一种认真的责任感，是解决许多问题的教育手段。"责任感是一个人对自己的言论、行动、许诺等持以认真负责、积极主动的态度而产生的情绪体验。如实现了承诺，完成了任务后感到欣慰或问心无愧；未尽到责任时则感到惭愧、不安、内疚等等。责任感一旦产生，就会成为一种稳定的个性心理品质，可以有效地提高学习积极性，自觉地加强意志锻炼，促进孩子个性的全面发展。

那么，家长如何培养孩子的责任感呢？

第一，以肯定的方式来树立孩子的责任感。如果孩子突然对扫地产生兴趣，尽管最初的兴趣可能完全源于好玩。但父母可以支持孩子的这一兴趣，对他的扫地行为予以表扬，夸孩子能干，激发他的自豪感，并引导其慢慢形成习惯，天长日久，孩子就会自然而然地把这项劳动看成一种责任。

第二，父母在家中要为孩子树立好的榜样。针对当前有很多人指出，90后是缺乏责任感的一代。这种认识虽然是片面的，但90后更要自勉，在孩子面前，首先要做一个勇于承担责任的人。"言必行，行必果。"父母以身作则，这样才能有威信要求孩子负责任，才能让孩子有模仿对象。

第三，要求孩子做事有始有终。良好的责任感是要靠坚强的意志力和持之以恒的态度来维持的，而这恰恰是许多孩子所缺失的。孩子好奇心很强，兴趣爱好很广泛，但是缺乏坚持性、自制力，遇到一点困难和挫折就打退堂鼓，不愿意再坚持下去。这是孩子在成长中的问题，而非孩子没有责任感。因此，为了增强孩子的责任感，父母平时就应当注意培养孩子做事有始有终、负责到底的良好习惯。

第四，让孩子自己记下要做的事情，学会对自己的事情负责。孔孔家要求每个人洗澡后把换下的衣服放进洗衣机，可6岁的孔孔经常忘记，妈妈让他用本子记下洗澡后该做什么事，提醒自己不要忘记。从此以后，孔孔再也没有忘记把脏衣服放进洗衣机，他为自己的进步感到自豪。可见，当要孩子记住做某事时，与其大人经常提醒，还不如让孩子自己记下要做的事情，这样孩子也慢慢地学会了对自己的行为负责。孩子只有学会了对自己的事情负责，才能逐步地发展为对家庭、对他人、对集体、对社会负责。

第五，从勤俭节约的教育中培养孩子艰苦奋斗的责任感。当今的孩子绝大多数浪费严重，如饭桌上孩子碗中的剩饭剩菜随处倒掉，还理直气壮地号称："我吃饱啦""不要强人所难"……穿衣讲品牌，讲价格，要吃好的穿好的，花钱更是大手大脚，毫不节约，动不动就是好几百块钱。这种生活中的"小事"，在孩子生活中比比皆是。因此，父母可用警句道理来教育孩子，让孩子懂得珍惜粮食，爱惜劳动成果。此外，父母还要教育孩子不要乱花压岁钱。引导孩子将压岁钱储蓄或指导购买必要的学习用品，不要沾染追求高档的行为讲究豪华、奢侈浪费的不良习惯让孩子从小树立勤俭节约、艰苦奋斗的良好作风。

第六，让孩子对自己某些行为造成的不良后果设法补救。如孩子损坏了别人的玩具，一定要让孩子买了还给人家，也许对方会认为损坏的玩具没多少钱，或认为小孩子损坏玩具是常有的事，或者不好意思收下孩子的赔偿，但家长应坚持让孩子给予对方补偿，这样可以让孩子知道，谁造成不良后果，就该由谁负责。

第七，让孩子在挫折中学会承担。孩子处于成长之中，对一些事情表现出没有责任感也是正常的，因为许多时候他不知道责任是什么，所以为了培养孩子的责任感，家长可以适当地让孩子承担一下办事情不负责任的后果，教孩子如何去面对并接受这次失败的教训，从中获得成长。如孩子在学校违规受罚，一定要支持老师的做法，不要想方设法去替孩子解围。孩子受到惩罚后，承担能力也就增强了。

总之，责任感并不是与生俱来的，它需要在长年累月的生活中逐渐培养。无论在何时、何地，父母都要学会在点点滴滴的小事中培养孩子的责任感，让孩子充当一些有意义的角色，使他们感到自己的行为对集体所产生的重要性，增强孩子的主人翁感。这样，孩子才会变得越发有责任心起来！

培养孩子自我管理能力

大多数成功人士都具有相同的特点：做事很有自制力，较少受到外界因素的干扰；遇到挫折、不如意，忍耐力较强；做事有计划，并从按时完成计划中获得成就感；有一定的生活自理能力；情绪智力高，能了解、控制自己的情绪，能换位思考，了解并体谅他人的情绪变化……成功学家把这些因素全部归为自我管理能力比较强。

随着年龄的增长、能力的提高、活动范围的扩大，孩子会意识到需要管好自己，也就是自我管理。但是，现实生活中，许多孩子由于经验太少，缺乏自我约束的意识，在自我管理上往往表现得不尽如人意。事实表明，大部分孩子没有自我管理的能力，一旦离开父母生活，他们将无法很好地管理自己。如果父母能从小培养孩子自己的事情自己做、自己的东西自己管、自己的生活自己安排的自我管理习惯，就能增强孩子行动的独立性、目的性和计划性，这对于孩子今后生活的幸福和成功无疑是有着巨大的帮助的。

有位 90 后母亲在儿童心理学专家面前这样"诉苦"：

女儿4岁学芭蕾，5岁学电子琴，6岁学朗诵，7岁又学书法，结果是狗熊掰棒子，一样也没学到。在学校，老师反映女儿遇事3分钟热度，耐挫性差，课程的难度一上去，她就开始走神。而课堂上任何一点新奇的变化，都能抓住她的注意力，比如，书法老师上课上到一半，女儿要求举手发言，内容居然是："老师，您的裙子真漂亮，上面的花朵是真水晶还是假水晶？"弹琴弹到一半自己跑到教室的走廊上去了，因为她发现走廊上飞来一只鸟儿。

显然，这位母亲为女儿的自我管理能力差的问题而苦恼。其实，孩子自我管理能力的培养，就是其成长能力的培养。

父母可以通过以下做法培养孩子的自我管理能力。

第一，做家务。对年龄小一些的孩子，父母可以让其帮忙分发碗筷、叠衣服、收拾自己的玩具和图书并把它们归位还原等；对年龄大一些的孩子，父母可以让其帮助晾衣服、择菜、到超市购物等。参与家务劳动将使孩子学会简单的统筹法——如何平行地做两三件事而不至于手忙脚乱。一般人认为，做家务只是锻炼孩子的生活自理能力，这显然是将做家务的目的狭隘化了，其实，做家务可以帮助孩子确立对其他家庭成员的责任心，使他与长辈有休戚与共的感受，这对孩子控制自己的情绪，了解及体察父母的情绪变化，有着绝佳的效用。反复做同样的家务：擦地板、择菜、晾衣服……对孩子的忍耐力也是很好的锻炼。此外，与父母一起做家务也是一项极好的亲子活动。

第二，自助游。尽量由平时对孩子照顾管理较少的一方，单独带孩子出游，而且，父母带孩子出游时，尽量表现得"低能"

一些，从而给孩子创造锻炼的机会。很多难题都可与孩子商议着办。比如，去一个景点怎么走才最经济？临行前应准备哪些东西？遇到迷路、超支、旅馆客满、订不到理想的车票应该找谁求助？这样的讨论会把孩子做事的计划性和生活自理能力一点点挖掘出来，他会知道出门要带上地图、帽子、防晒霜、饮用水，还要准备足够的硬币乘坐公交车；他也会知道拍摄所用的胶卷可以在旅馆附近的超市购买，质量有保障、价格还便宜，在景区购买的胶卷要贵很多。"出门在外，不如意事常八九。"自助游对孩子的耐挫力和情绪管理的能力也是一个潜移默化的考验，比如衣服在宾馆里没法晾干怎么办？孩子也许会发现卫浴室里的排风扇是一个不错的"排湿烘干器"。再比如车子坏在半路就应该气急败坏吗？父母可以教会孩子，在等待拖车到来的过程中，可以把后备厢里的钓竿拿出来垂钓，并欣赏一下落日的美景。挫折经历得多了，孩子自然知道如何防止负面情绪的扩张，如何化苦笑为歌声。

第三，找伙伴。据说，现今的孩子自我管理能力不强的一个关键因素是：孩子都是独生子女，没有兄弟姐妹。儿童行为分析家们认为，从孩子6岁起，"伙伴"的影响力将逐渐超过父母，而"不教而教"的根本，就是利用假期及平时的双休日，给孩子找一个"自我管理能力"较强的伙伴，让孩子跟他生活一段时间。注意，在此之前父母切不要突出"榜样"的光辉业绩，而把自家孩子贬得一无是处。这里面有一个值得关注的"主场效应"——怎样才能使"自我管理能力"较弱的孩子受到对方的影响而不是相反？很重要的一点，就是要让"自我管理能力"较强的孩子当"小主人"，保持自己的"主场影响力"。

总之，自我管理能力对孩子来说很重要，每个父母都要有足够的认识，并要从孩子的实际出发，经常训练并持之以恒。如此，孩子的自我管理能力就一定能逐步增强起来。

独立思考对孩子很重要

可以说，我国和西方教育最大的区别在于对孩子能力的培养上、对孩子独立思考的培养上。

孩子放学回家后，中国家长问孩子第一句话多是："老师教你的知识记住了吗？今天考了多少分？"而美国家长第一句则是："今天你向老师提了什么问题，今天的课有意思吗？"专家告诉我们，在能力的培养上，让孩子独立思考是非常重要的。

有一次，美国有线电视台某著名节目主持人比尔在录制现场问一个七八岁的女孩："你长大以后想当什么？"

女孩很自信地答道："总统。"

全场观众哗然。比尔做了一个滑稽的吃惊状，然后问："那你说说看，为什么美国至今没有女总统？"

女孩想都没想就回答："因为男人不投她的票。"

全场一片笑声。比尔又问："你肯定男人不投她的票吗？"

女孩不屑地说："当然肯定。"

比尔意味深长地笑了笑，对全场观众说："请投她票的男人举手。"

伴随着笑声，有不少男人举手。比尔得意地说：“你看，有不少男人投你的票呀。”

女孩不为所动，淡淡地说：“还不到三分之一。”

比尔做出不相信又不高兴的样子，对观众说道：“请在场的所有男人把手举起来。”

言下之意，不举手的就不是男人，哪个男人“敢”不举手？

在哄堂大笑中，男人们的手像一片森林。比尔故作严肃地说：“请投她票的男人仍然举手，不投的票放下手。”

比尔这一招厉害：在众目睽睽之下，要大男人们把已经举起的手再放下来，确实不太容易。这样一来，虽然仍有人放手下来，但“投”她票的男人多了许多。比尔得意扬扬：“怎么样？‘总统女士’，这回可是有三分之二的男人投你的票啦。”

沸腾的场面突然静了下来，人们要看这个女孩还能说什么。女孩露出了一丝与童稚不太相称的轻蔑的笑意：“他们不诚实，他们心里并不愿投我票。”许多人目瞪口呆。然后是一片掌声，一片惊叹……

其实，要做到独立思考并不需要多聪明或是受到多高的教育，想想美国小孩子吧，传统告诉我们，鞋子是穿的而香蕉是吃的。而独立思考则允许孩子们吃鞋子而穿香蕉。

爱因斯坦说过：“学会独立思考和独立判断比获得知识更重要，不下决心培养思考习惯的人，将失去生活的最大乐趣。”与众不同、超凡脱俗的真正意义在于能够展示并表达独具特色的思想，成功者大多数有极具个性的思想、有独立思考与判断的能力。

没有独立思考的孩子，就没有独立性。要培养孩子的独立思考能力，就要提供一些机会给孩子自己去思考、去感觉：什么对什么错，什么应该做什么不应该做。因此，作为父母，应从以下方面培养孩子的独立思考能力。

第一，营造一个思考的氛围。在生活中，营造思考的氛围，对孩子形成独特的个性、表现出创新意识的思维和举动非常重要。我们不能因为孩子小或以为孩子不懂事，需要大人照顾等而把他看成是大人的附属品，要知道孩子也是一个完整的、独立的个体，应该允许他们有自己的世界、自己的空间。

第二，让孩子学会思考。父母与孩子相处与交谈过程中，要经常以商量的口吻进行讨论式的协商，留给孩子自己思考的余地，并要给孩子提出自己想法的机会。父母可根据交谈内容经常发问，如："他们之间有什么关系""你觉得怎么做会更好些""你的想法有根据吗"等问题，用以引发孩子的思考。

第三，倾听孩子叙述自己的想法。孩子的想法常常是天真、幼稚甚至可笑的，尽管如此，父母仍要抓住他们谈话中有趣的、有道理的论点，鼓励他们深入地"阐述"，使他们尝到思考的乐趣，以增强自我探索的信心。

第四，鼓励孩子勇于创造。创造精神是独立思考的一个重要组成部分。所谓创造精神就是指发明或发现一种新方法，用来解决某一问题。创造精神是人类对未知领域进行科学的探索中最宝贵的品质。日常生活中，鼓励孩子凡事常问几个为什么，培养孩子打破砂锅问到底的习惯。同时，父母应不厌其烦地给予正确的回答，并对孩子的提问表现出兴趣，与孩子一起思考。

第五，不打击孩子的好奇心。独立思考能力强的孩子，往往具有较强的好奇心，父母应努力挖掘和保护孩子的好奇心。千万不要因为孩子的提问过于荒诞而对他嘲笑或批评，以免伤害孩子的自尊心。孩子出于好奇拆被玩坏了玩具、钟表，父母不应予以惩罚和打骂，而应该引导孩子弄清楚这些器具的机械原理，想方设法创造条件满足孩子的好奇心。如父母可以为孩子买一些小工具、小零件，让孩子搞一些小发明、小制作。这样，孩子不仅学到了新知识，也学到了如何获得知识的方法。

总之，父母要给孩子营造一个思考的空间，放开手，让孩子大胆地去想，并认真倾听孩子的想法，即使有时需要父母思想代替孩子的思想，也应该与孩子一同把两种思想加以比较，让孩子不但知其然，还要知其所以然，这样，才有助于培养孩子独立思考的能力。

第三章　让孩子在赞赏声中成长

如何通过最科学的教育方法把孩子教育成才，是无数父母的最大心愿。而"赏识教育"无疑是培养孩子的最新利器。对于成长中的孩子来说，赏识可以发现孩子的优点和长处，激发孩子的内在动力。对孩子进行赏识教育，尊重孩子、相信孩子、鼓励孩子，可以帮助孩子扬长避短，克服自卑、懦弱心理，树立自信心。可以说，赏识教育是生命的教育，是爱的教育，是充满人情味、富有生命力的教育。人性中最本质的需求就是渴望得到赏识、尊重、理解和爱，每个人、每个孩子都是为得到赏识而来到人间的。我国教育家陶行知先生曾经说过："教育孩子的全部秘密在于相信孩子和解放孩子。相信孩子、解放孩子，首先要赏识孩子。"

用赏识的眼光看待孩子

林肯曾说过：每个人都希望受到赞美。心理学家威廉·詹姆士也说过：人性最深切的渴望就是获得他人的赞赏，这是人类之所以有别于动物的地方。

一个正在成长中的孩子，心灵深处最强烈的需求是得到别人的赏识。一个孩子如果童年时代缺少父母善意的赞扬，那就可能影响其个性的发展，甚至还可能成为一种终生的不幸。

所以，在孩子成长的过程中，父母一定要用赏识的眼光看待之。这也即是赏识教育。

所谓赏识教育，就是父母在教育孩子的过程中尽可能地给孩子多一些的肯定和欣赏，让他们更多地体会到成功的喜悦和得到更多的赞赏、表扬，而不是一味地突出孩子的不足和缺点。赏识教育强调的是善于发现孩子优点，对孩子多加鼓励，使他们在情绪上得到满足、心境保持愉悦。

现实生活中，很多90后父母的表现并不尽如人意。由于年轻，心高气傲，对很多事情都很不耐烦，特别是面对孩子的时候，他们往往不会多加关注孩子优秀的一面，在他们看来，孩子的优点是孩子天生的，不值得宣扬。殊不知，这样的意识是错误的。

好爸妈胜过好老师

心理学家哈洛克曾做过一项奖惩混合的比较研究。

哈洛克选择了许多数学程度相同的学生，将他们分为四组：
在给第一组上课时，每次课前都赞扬作业成绩优良者。

对第二组则刚好相反，对他们好的成绩不予赞扬，仅对成绩差者严厉谴责。

对第三组既不赞扬、又不谴责，但让他们知道第一组和第二组每天发生的情形。

第四组则安置在其他地方，不使他们知道其他三组每天的情形，对他们的成绩既不赞扬也不谴责。

不久，受赞扬的第一组和受谴责的第二组的成绩立刻有显著的进步，改进了 35%—40%。

第三组的成绩也有进步，但只有一、二组的一半。

但如此继续下去，情形却有显著的变化。受赞扬的第一组成绩进步到 79%，受谴责的第二组和不受奖惩的第三组的成绩又低落下去，隔离的第四组的成绩，也有轻微的降低，但不明显。

上述实验的结论是：当一项行为带来满意或鼓励的结果时，该项行为则保持而增强；反之，如行为结果得不到鼓励，或得到惩罚时，该项行为则倾向于不再重复。这说明了肯定意义的赞扬和否定意义的谴责对学习产生了影响，更重要的一点，实验表明了谴责和惩罚的真正性质。

从短时间看，谴责好像与赞扬有同样效果，但从长时间看，可知赞扬的效果要大得多。所以，对孩子应予以足够的肯定，责罚只宜在适当的时候用一下，而不能当作提高学习效率的武器。

在这些理论思想的指导下，在美国的学校，开设了许多名目繁多的奖项，以鼓励学生的成绩和努力，肯定学习的成就，只要是能推动学生努力向上的奖项，校方都在变着花样推出来。不论你在哪方面有点小本事，又愿意比别人多努力一把，就总能找到得奖的机会，只要是有价值的才能和行为，总能受到赞赏和激励。在这样的环境里培养的孩子总是显得那么自信。

著名成功学家拿破仑·希尔从小曾经被认定是一个坏孩子。比如，母牛走失了、树被砍倒了、邻居窗户破了等现象，每个人都认定是他做的。甚至父亲和哥哥都认为他很坏。人们都这样认为，母亲死后没有人管教是拿破仑·希尔变坏的主要原因。既然大家都这么认为，他也就无所谓了。

有一天，父亲说要再婚，大家都担心新妈妈不知道是什么样的。拿破仑·希尔也打定主意，根本不把新妈妈放在眼里。陌生的女人终于走进家门，她走到每个房间，愉快地向每个人打招呼。当走到拿破仑·希尔面前时，拿破仑·希尔像枪杆一样站得笔直，双手交叉在胸前，冷漠地瞪着她，一丝欢迎的意思也没有。

"这就是拿破仑·希尔，"父亲介绍说，"全家最坏的孩子。"

而令拿破仑·希尔永生难忘的是继母当时所说的话。她把手放在拿破仑·希尔肩上，看着他，眼里闪烁着光芒。"最坏的孩子？"她说，"一点也不，他是全家最聪明的孩子，我们要把他的本性诱导出来。"她相信他是个好孩子。对一个人如此有信心，他又怎会不成功呢？后来，继母果真造就了一个全新的、成功的拿破仑·希尔。

这个故事说明的道理就是：赏识导致成功，抱怨导致失败。其实，不是好孩子需要赏识，而是赏识使他们变得越来越好；不是坏孩子需要抱怨，而是抱怨使他们变得越来越坏。

许多年前，一个10岁的意大利男孩在那波里的一所学校读书。他一直想当一个歌星，但是，他的第一位老师却说："你不能唱歌，五音不全，你的歌简直就像是风在吹百叶窗一样。"

回到家里后，他很伤心，并向他的母亲——一位贫穷的农妇哭诉这一切。母亲用手搂着他，轻轻地说："孩子，其实你很有音乐才能。听一听吧，你今天的歌声比起昨天的乐感好多了，妈妈相信你会成为一个出色的歌唱家的……"

听了这些话，孩子的心情好多了。后来，这个孩子成了那个时代著名的歌剧演唱家。他的名字叫恩瑞哥·卡罗素。当他回忆自己的成功之路时这样说："是母亲那句肯定的话，让我有了今天的成绩。"

也许，恩瑞哥·卡罗素的母亲从来都没有想到过她的儿子能成为一代名人，也许根本没有指望过靠她那三言两语去改变儿子的一生。然而，事实上，正是她那句善意的肯定成就了那个时代最伟大的歌唱家。由此可见，赞赏和肯定对孩子成长的作用有多大。可以说，赞赏和肯定是孩子成长过程中的阳光、空气和水，它能激发孩子的潜能，增强孩子的自信心，是孩子成长过程中最好的心灵营养品。

总之，父母应用赏识的眼光看待孩子。哪怕孩子并不优秀、并不出色，作为父母，都应该本着一颗平常心去欣赏他、赞美他、信任他，努力挖掘他身上的那些看起来微不足道的亮点。只有这样，孩子才能在人生的道路上越走越自信，逐步迈向成功。

不要吝惜对孩子的表扬

每天注意发现孩子的闪光点并及时地给予表扬和鼓励，这是父母的天职。

希望得到别人的赞扬和认同是人的天性。心理学家对孩子所作的心理测验表明，当一个疲惫的孩子受到赞扬时，他会产生一种明显的新的向上的力量。相反，当孩子得不到赞赏或受到批评时，他现有的体力也会戏剧性地减退。

一位心理学家曾到一所中学做调查，他让学生每人说出自己的优点。想不到谁也说不出来。为什么会这样呢？心理学家找同学个别了解，得知他们父母平常说的话尽是："你怎么这么笨""连这个都不会""你看人家某某"，久而久之，孩子也就想不到自己还有什么优点了。

7岁的高燕成绩一般、长得不漂亮、脾气倔、嘴巴又不甜——这是一直以来父母对她的评价。父母平时不太表扬她，倒喜欢拿她与一个年龄相仿的弟弟做比较，那个孩子文质彬彬、成绩非常好。但有一件事让母亲刘女士很有感慨：有一次先生生病，刘女士忙得像个陀螺一样转个不停，本来想请个钟点工晚上给高燕煮饭吃，孩子却很懂事地说自己会照顾自己。当刘女士回到家后看到的情形是：桌上放着小碟的菜，早上堆着的衣服也已经洗好挂起来了，而高燕正在房间里埋头做作业。看着这一切，刘女士感动得眼泪差点掉下来，孩子在以自己的方式成长，而做妈妈的却熟视无睹，只会拿着别人的优点来要求她。刘女士决定从此以后不再以别的孩子为蓝本，而是要努力正视女儿自身的优点，每天给她一句表扬的话。

世上没有一无是处的孩子，只有不肯表扬和不善表扬的家长。如果家长希望孩子变得更优秀，就没有理由把孩子贬得一无是处。要耐心地引导孩子，满怀信心地鼓励孩子从最基本的地方做起，哪怕孩子有一点小小的进步，家长都要及时肯定和表扬。只有这样，孩子才会不断进步。

对于孩子们来说，由于年龄小，心理还很幼稚，他们心灵最强烈，也是最本质的渴望就是得到别人的赏识，特别是来自父母的表扬。一个孩子如果在童年时代不被赏识，会直接影响他个性的发展，甚至导致他一生的个性缺陷。台湾著名作家三毛写过一篇散文《一生的战役》，文中有一段话："我一生的悲哀，并不是要赚得全世界，而是要请你欣赏我。"这个"你"，指的是她的父亲。有一天，父亲读了三毛的这篇文章，给她留条："深为感动，深为有这样一株小草而骄傲"。女儿看到后，眼泪夺眶而出。三毛写道："等你这一句话，等了一生一世，只等你——我的父亲，亲口说出来，肯定了我在这个家庭里一辈子消除不掉的自卑和心虚。"

电脑天才比尔·盖茨曾对他的母亲说："我爱您，妈妈！您从来不说我比别的孩子差，您总是在我干的事情里寻找值得鼓励的地方，我怀念和您在一起的所有时光。"可见，表扬孩子非常重要，它就如一缕阳光，照亮了孩子的心田，孩子因它而灿烂。为人父母，应该支持孩子按照他自己所喜爱、所擅长的方向发展，并努力将赏识的阳光撒向自己的孩子，让孩子在赞许的雨露中绽放笑脸。

在学校里，孩子每天得几面"红旗"，大人们也许不以为然，而这几面"红旗"就是他们的几块金牌。它对孩子心灵的滋润，是大人们所无法想象的。孩子的成长离不开鼓励。挖掘孩子的闪光点，每天表扬孩子一句话，是引导孩子健康成长的魔法。

下面是父母表扬孩子的100句话，以供参考。

1. 哇；2. 就这样干；3. 你很特别；4. 你是优异的；5. 非常好；6. 放心地干吧；7. 真行；8. 利索；9. 干得好；10. 杰出的；11. 我知道你能做好；12. 我为你感到骄傲；13. 超级巨星；14. 干得漂亮；15. 看上去很不错；16. 你是最棒的；17. 你很受欢迎；18. 你做到了；19. 多么聪明；20. 好成绩；21. 太出乎意料了；22. 太惊人了；23. 出色的工作；24. 你很漂亮；25. 你是个赢家；26. 你让我快乐；27. 没有你不行；28. 就这样定了；29. 你很重要；30. 你很有价值；31. 你很帅；32. 你很迷人；33. 你已选准目标；34. 你正在实现自己；35. 你多么完美；36. 你是与众不同的；37. 你使人很愉快；38. 很棒；39. 极好的；40. 你让我放一百个心；41. 你真厉害；42. 现在没有什么能阻碍你了；43. 精力充沛；44. 你太棒了；45. 你让人敬畏；46. 你很宝贵；47. 非常棒的工作；48. 你发现它的奥妙了；49. 看，了不得；50. 伟大的发现；51. 你很有责任心；52. 你使人激动；53. 你很有趣；54. 你是真正的勇士；55. 神奇；56. 你真勇敢；57. 你在长大；58. 做得很好；59. 你很努力；60. 你完成了；61. 你是个好听众；62. 你是一笔财富；63. 你让我收获很多；64. 你是我的好朋友；65. 太对了；66. 给你一个热烈的拥抱；67. 想象力太丰富了；68. 你掌握得很准确；69. 你很惊人；70. 你现在飞一般进步；71. 你真勇敢；72. 我向你学习；73. 我喜欢你；74. 我崇拜你；75. 你真不错；76. 你真伟大；77. 不一般；78. 很称职；79. 为你喝彩；80. 你会出人头地的；81. 你很细心；82. 有创意；83. 成功属于你；84. 你照亮了我的生活；85. 做得极好；86. 就这样，别改变；87. 你创造了我的生活；88. 你是我生活的阳光；89. 美好的分享；90. 你是我的全部；91. 你很重要；92. 你是我最棒的助手；93. 你是个快乐的小精灵；94. 你让我笑了；95. 孩子，你是我的宝贝；96. 我相信你；97. 你很懂事；98. 没有人能比过你；99. 来个吻；100. 你有突出的表现。

表扬孩子要发自内心

这是一位父亲的叙述：

从女儿第一次自己拿筷子吃饭、第一次自己穿衣服、第一次会背诵儿歌……到现在，我已经记不清楚对女儿说过多少回"你真棒""太聪明了""多乖"等类似的表扬的话。当时看来，我的这些表扬挺管用，不论在学校、家里还是外出，女儿在人们眼里都是一个"乖乖女"。

不过，我最近却为女儿太乖发起了愁：她从不主动和别人说话，一见陌生人就惶惶不安，也不像其他孩子对自己没尝试过的事充满好奇。一向活泼、好动的女儿不知从何时起不见了。

最后，我只好去咨询心理专家。专家给了我答案：问题就出在我对女儿的表扬上，表扬绝不是简单地给孩子贴上"聪明""乖巧"等标签，类似我的"贴标签"式的表扬太模糊了，孩子并不能理解真正让他赢得表扬的行为是什么。以至于以后，她可能为了成为家人眼里的"乖宝宝"或继续赢得表扬而一味地听从大人，不敢发表个人看法，更不敢尝试自己没有把握的新领域。

可见，父母表扬孩子一定要发自内心，要真诚而具体。只有这样，表扬才会起到事半功倍的效果，若不然，表扬只会事倍功半。

父母发自内心的表扬，可以拉近孩子与父母心灵距离，真正成为朋友。这不仅吸引着孩子向父母真心靠拢，更自然地倾听父母的教诲，接受父母的人生经验，而且还让父母每时每刻发挥着潜移默化的作用，从积极乐观的一面影响着孩子的生活与成长。

父母发自内心的表扬，可以营造宽松、和谐、民主的气氛。无数事实证明，只有在这样的家庭气氛中，才会成长出自信、自律、坦诚、大度、勇于承担责任和人格健全的新一代。这对孩子适应社会生活、保持心理平衡和维护心理健康具有十分重要的意义。

表扬是一门艺术，是要讲究技巧的。表扬孩子时要想达到真诚并恰如其分的效果，就应该这样做：

第一，让孩子根据自己的判断选择良好的行为。父母要做的，是帮助和支持孩子的选择，而不是替他选择，实际上也就是承认孩子的独立性，鼓励他探索的信心，当孩子有这种自豪的体验时，其实是对他最好的表扬。反之，孩子以后做事有可能战战兢兢，甚至成为循规蹈矩的"小机器人"。

第二，不要对孩子抱有不切实际的期望值。面对当今日益激烈的社会竞争，许多父母都想让自己的孩子无所不能，无所不精，各方面都力求胜人一筹。这种过高的期望值会导致父母总带着有色的眼镜看待孩子。如此这般，父母就不能对孩子有正确、全面的认识，对孩子的赞赏自然就会有失公正，或根本就是敷衍。

第三，表扬要事出有因。表扬不能泛滥，要具体。只有实实在在的表扬，才最能感动人。很多父母在表扬孩子的过程中，往往会用"你真棒"一句带过，并不对孩子的具体行为做出表扬。其实，这就不是一种正确有效的赞美方式。特别对于一些年龄尚小的孩子来说，父母更应特别强调孩子令人满意的具体行为，表扬得越具体，孩子对哪些是好行为就越清楚。比如，两个小女孩在一起玩，一个不小心摔倒了，另一个赶紧跑过去把她扶起来，帮她拍净身上的土。这时，父母就应表扬得具体一些："你今天把小朋友扶起来，做得真好，妈妈很高兴。以后和小朋友在一起玩耍，就要像这样互相关心互相帮助。"这种具体的表扬方法，既赞赏了孩子，又培养了孩子关心别人助人为乐的良好行为。孩子以后再遇到相同的情况，也就更容易做出正确的选择。

第四，因人而异。对年龄不同的孩子采用不同的表扬方式，对学龄前的孩子可多用表扬，入学后的孩子因逐渐懂事，不必事事表扬，表扬应更有分寸；对胆小怕事的孩子可多用表扬，以增强其勇气，树立信心；对能力强的孩子要慎用。总之，要让孩子知道不是每做一件事都要表扬，从小养成朴实谦虚的作风。

第五，不附加否定的表扬。孩子取得成功时，家长总希望他们要做得更好，往往会在表扬里添加那么一点否定。父母本意是让孩子做得更好，但孩子的感觉却是父母在批评他，自己什么都做不好，不如放弃。所以，当孩子成功进步时，最好给他诚心的不加否定的赞扬。

别在他人面前批评孩子

很多 90 后父母不知道该如何把握表扬与批评孩子的分寸，他们很困惑，是表扬多一些好呢还是批评多一些好呢？儿童心理专家告诉我们：对孩子要多赞扬、多鼓励，少批评、少责骂。因为，每个孩子都有自尊心，作为父母，应该清楚地认识到这一点。尤其在别人面前，孩子的自尊心更加强烈，当着别人的面批评和训斥孩子，将会大大地伤害孩子的自尊。而当着别人的面赞扬孩子，能使孩子产生成功感和荣誉感，从而增强他们学习和做事的信心。

英国哲学家洛克说过："父母不宣扬孩子的过错，则孩子对自己的名誉就愈看重。他们觉得自己是有名誉的人，因而更会小心地维护别人对自己的好评。若是当众宣布他们的过失，使其无地自容，他们愈是觉得自己的名誉已经受到了打击，设法维护别人好评的心理也就愈淡薄。"

可见，当着别人的面批评教育孩子的方法不足取。最好的方法应是经常对孩子赞扬、鼓励，尤其是在别人面前赞扬孩子。

然而，在现实生活中，我们经常看到这样的情况，当别人夸自己的孩子时，父母可能会谦虚地说："哪里，这孩子一点都不勤奋，老让人操心。"或者"这孩子真是无药可救了。"或许，父母这么说是希望孩子勇敢一点、改正任性的毛病，但是这种"谦虚的美德"却无形中伤害了孩子。

一次，有位年轻妈妈对邻居说："啊！你家小弟弟真可爱，真乖，不像我们家菊菊吵吵闹闹，只会淘气，让人心烦。"在一旁的菊菊瞪大了眼睛怯生生地说："妈妈我乖。"不料妈妈却大声说："乖什么乖，就知道淘气烦人，一边去！"过了几天，人们发现菊菊变了，天真活泼的菊菊看到妈妈回来，躲在椅子后面不敢往前去。妈妈说："菊菊过来，亲亲妈妈！"菊菊小心翼翼地亲亲妈妈后，竟然冒出一句："妈妈我乖，你别心烦。"这让所有在场的人听了都大吃一惊。

不要认为孩子不会在意父母"揭短"，就任意当着别人的面说自己孩子的不足。殊不知，这会严重伤害孩子的自尊心，使孩子内心留下阴影。故事中年轻妈妈的心情是值得理解的，但是做法却不太明智。父母要知道，教育孩子的最终目的是让孩子认识错误并改正错误，如果在教育的过程中，不仅没达到目的，反而让孩子无地自容，自尊受到伤害，那是得不偿失的事情。所以，父母应做到以下几点：

第一，默认别人对孩子的赞赏。很多父母喜欢互相夸别人家的孩子，特别是当众的时候，夸奖别人的孩子也是获得孩子家长好感的重要手段。当你的孩子被人夸赞时，如果你不认同，也没必要纠正，更没必要连带孩子的缺点全部说出来；如果你认同，那么就附和对方的赞赏，再给孩子几个夸奖吧，这会让孩子非常高兴。比如，别人当着你的面说："你们家的孩子真灵巧，做事利索得很！"你接话说："是啊，孩子确实挺灵巧的。"孩子听了这些话，一定会感觉很好。当然，他会比以往表现得更好。

第二，以平常心看待孩子的缺点。每个人身上都有缺点，孩子自然少不了缺点。如果你过分在意孩子的缺点，那么孩子的一丁点毛病就会被你视为大问题，这样你看到孩子的缺点就容易忍不住去指责；如果你用平常心看待孩子的缺点，那么对孩子的缺点就不会那么在意。这样你会抱着理解的心态去帮助孩子改正缺点，而不是无缘无故地在众人面前揭孩子的短。

第三，私下指出孩子的缺点。发现孩子的毛病或缺点，父母不指出来是不负责任的，但是要注意场合。如果有其他人在场，即使孩子的缺点再明显，也不可大张旗鼓地指出来。你可以给孩子一个善意的暗示，然后回家和孩子好好说。这样做给孩子的感觉就是：父母照顾了我的感受。那么孩子就容易虚心地改正错误。

第四，指出孩子缺点时要语气平和。有些父母发现孩子的缺点后，就容易生气，然后批评、责骂孩子，希望孩子改正缺点。但是结果使孩子自尊心严重受到伤害，孩子会因为自己的缺点感到羞耻和自卑。例如，有个孩子天生高度近视，东西要放到鼻子前才能看得清。爸爸见了又气又急，经常骂道："什么东西都要拿到鼻子底下去看，瞎了吗！"孩子视力不好，他本来已经很痛苦了，结果爸爸还经常当着别人的面骂他瞎，心中更是痛苦和自卑，因而常一个人躲在外面痛哭。这样当然对孩子身心的发展有着很大的坏处。所以说，父母指出孩子的缺点时，语气很重要。

其实，孩子比成人更爱面子。他们对于赞扬是极其敏感的，他们在比我们想象的更早的幼年时期就具有这一敏感度。他们觉得，自己能被别人看得起，尤其是被父母看得起并当众夸奖，是一种莫大的快乐。所以，当跟别人提起自己的孩子时，父母要怀着赏识和尊重的心态去谈论他们。

及时夸奖孩子效果最佳

孩子取得了进步或是做出了不凡的表现，父母什么时候夸奖他最合适呢？

众多父母的心得体会是：当即表扬、夸奖孩子效果是最佳的。

是的，当孩子确实值得夸奖时，父母不要吝惜，要及时作出反应，马上就给予孩子积极的评价。要知道，夸奖是有时效性的，如果错过了夸奖的最佳时机，夸奖的效果就会大打折扣，孩子的表现就不会达到父母所期待的目标。

某学校校长曾经做过这样一个实验：期末考试之后，他分别在不同时间内对两个班级考试成绩差不多的两组孩子做出评价。

对第一组孩子，校长在考试成绩出来的当天就表扬了他们："成绩真不错，你们都是聪明的孩子，继续努力吧。"

对第二组孩子，校长一直等到下一个学期开始之后，才对他们说："你们上学期考试成绩不错!"

一个学期以后，第一组孩子因为受到了校长及时的赞扬和鼓励，学习成绩有了明显的提高。他们一致认为是校长的赞扬让自己对学习充满了信心，学习劲头也更足了；而第二组孩子的学习成绩却没有明显进步。虽然校长赞扬了他们，但时间已经相隔太久，所以他们根本没有察觉到这种表扬，所以他们的学习积极性也没有太大的变化。

这个实验证明，孩子是需要父母正确把握赞扬的时机及时夸奖的。因此，当孩子达到了某个既定目标，父母一定要把握机会，及时由衷地赞扬孩子；同时表现出你的喜悦心情，让孩子感受到是他的良好行为表现使父母感到高兴。这是简单而又能产生显著效果的一招，只要坚持去做，必有喜人的收获。

孩子做了好事或有了进步，最好当时就给予夸奖和鼓励，这样孩子的荣誉感和成就感就会及时得到最大的满足，从而把后面的事情做得更好。如果孩子取得了成就，父母无动于衷或反应迟缓，必然会给他的内心造成不良的影响。

下面请看两个事例：

事例一：

"妈妈，我跳高得了第一名。"文发一进门就兴高采烈地对妈妈说。

"你身体又不是特别好，运动起来那么上劲干吗?"正在厨房里忙碌的妈妈顺口问道。

好爸妈胜过好老师

"今天我们班上体育课，老师组织同学们进行跳高比赛。我是跳得最高的，老师还夸我很有运动天赋呢!"文发到厨房门口得意地说着。

"哦，知道了。今天有作业吗? 快去做作业吧! 我这里忙得乱七八糟的，你就不要捣乱了!"妈妈好像没有听到文发说的话，表现出一副无动于衷的样子。

听到妈妈这么说，文发刚进门的高兴劲一下子就没了，闷闷不乐地躲进了自己的房间。

过了不多一会儿，妈妈做好了饭，来到文发的房间。

"你是说你跳高得了第一名?"妈妈关切地问。

"呵，那没什么，不值一提。"文发垂头丧气地说，"妈，你先出去吧，我还有很多作业还没有完成呢。"

事例二:

"爸爸，我今天抛铅球得了第一名。"达源进门就兴高采烈地对爸爸说。

"呵，真了不起，真没想到你这么棒。"爸爸放下手中的活，表现出一副很惊喜的样子。

这时，达源更开心了，他甚至高兴得手舞足蹈起来。

爸爸接着鼓励道:"你在学习上也要努力，如果也能得第一，那就更厉害了!"

达源热情高涨地保证:"爸爸，我听你的，我一定会努力的，我要让你知道，我会做得更棒的。"

瞧，这是两个截然不同的家长，文发的妈妈面对孩子的成绩时，没有及时表现出兴趣，打击了文发的进取心，而达源的爸爸尽管也很忙，却仍然及时地给予了孩子必要的夸奖，使他的进取心一下子高涨了起来。事实证明，只有及时赏识和赞扬孩子，才能充分调动孩子的积极性，让他们往更高的目标冲刺。如果是事后很长时间再给予赞扬，那么随着时间的流逝，孩子已经不再有什么期待了，而这时夸与不夸其实已没有多大区别。

每个孩子都希望获得父母的认同。他们通过自己的努力，在学习或者比赛中取得好成绩，这是多么值得父母赏识的事情。这时候，父母应该为孩子感到高兴，应该及时给予热情的赏识和赞扬，让他们感觉到父母正在为自己的出色表现而感到骄傲。

有时候，孩子需要的不仅仅是父母一句赞扬的话，他们也需要得到父母的重视和关心。如果父母没有对孩子的成绩表示出及时的关注，会让孩子感到失望，而这种失望很可能会使他们失去继续努力的动力。

总之，及时赞赏孩子的优点，表现出对孩子真心的赏识和热切的期望，能让孩子感受到一种强大的精神力量，能让孩子更加努力和自信，从而促进其智能发展和身心健康，大大增强孩子对学习和生活的信心和勇气。

奖励孩子需讲方式与技巧

心理学家德西做过一个实验：他让一些孩子解答一些妙趣横生的智力难题。开始他对所有的孩子都不奖励，尔后，他把孩子分成两组，一组每解答一道难题就奖励一美元，另一组则没有任何奖励。在安排孩子休息和自由活动的时间里，他发现，尽管有奖励那一组的孩子在有奖励解答的时候解题十分努力，但在自由活动的时间里，却很少有人在自学解题；而没有奖励的那一组却有很多孩子在继续认真地解答尚未解答的难题。从总体上说，有奖励组的孩子对解答难题的兴趣减少了，而无奖励组的孩子反而兴趣更浓厚。

这个实验说明了什么呢？它说明了用金钱奖励在短时间内可能有一定的激励作用，但不一定都能起到长久的积极作用，它还说明了奖励也并不是一件简单的事，奖励要讲究方式和技巧。在教育孩子的过程中，许多父母都在实行奖励制度，有的取得了一定的效果，但相当一部分父母不管奖励多少，孩子仍然老样子，效果不理想，有的甚至越奖越差，起了反作用。原因何在？就在于奖励不得法。那么，父母该采取什么样的方式奖励孩子呢？在奖励中又应注意哪些细节呢？

根据不同孩子的特点，父母可以采取以下不同方式给予奖励：

第一，赠送礼物。进行奖励的重要方式之一是赠送礼物。但是只有在特殊场合才采用这个方式，不然孩子由于自私自利的动机才听话，便产生引导不当的后果。一般赠送给孩子的礼物应是玩具、书以及其他可供欣赏的东西。

第二，让孩子参加家务劳动作为奖励。让孩子参加家务劳动作为奖励，这能给孩子良好而深刻的印象。许多孩子都渴望像父母那样做家务事。父母可以选择一些简单的劳动作为奖励，例如，洗手帕、帮助妈妈为客人摆好桌子准备吃饭、帮助爸爸修理自行车和无线电、检查地板打蜡机是否良好等。参与大人所做的事，对孩子来说是极大的快乐。

在奖励孩子的过程中，父母要把握技巧，不然的话，即使奖励方式再正确，但缺乏技巧，奖励还是不会达到效果的。

第一，奖在不经意处。不经意处，就是自己也没注意或没想到的地方。有时，可以对孩子渐渐形成的、自己也没有注意到的优点或偶尔的一次良好表现给予特别的奖励，以进一步强化孩子的这种优点和表现。比如孩子平时骑车后从来不擦车，这次不知道什么原因，很自觉地在擦，而且还擦得很干净，那么，不妨给予一定的奖励，给他一个惊喜。又比如，孩子班里的一个同学出了车祸，住在医院里，孩子自作主张，用自己的零用钱买了点礼品去看望同学。父母得知后，也不妨给予奖励，表示对他的这种行为进行充分的肯定。

第二，给孩子分配任务。奖励孩子时，可以使用这样的方式：像上级委托下属执行重要而光荣的任务那样吩咐孩子。不断地委派新任务让孩子负起责任，这样孩子就会产生责任感。孩子知道担任上级指派的角色是不寻常的，在孩子看来这是光荣的、享有荣誉的事。这个方式对那些不愿劳动及不听话的孩子特别有效。

第三，预先进行奖励。有时，孩子还未开始行动父母就给予奖励，也能收到良好的效果。因为这样做会使孩子感到被信赖而充满信心去行动。"不应该让大人提醒才去好好地做，要知道你已经是个懂事的大孩子了！""你是个认真、用心的孩子，做这件事一定会使我们感到满意。"这种奖励方式要建立在暗示、激发自强自爱的基础上。

第四，避免奖励过于频繁。奖励应该是点缀式的，偶尔来一次，不能什么都实行奖励制度，今天作业做得清楚，奖；明天考试考得好，奖；星期天做了一些家务，奖；等等。奖励过多过于频繁，很容易产生负面效应，容易使孩子产生这样一种心理：你不奖我就不做，我做了，你就应该奖励，把获取奖励当作是自己的目标。凡是孩子应该做到的，比如作业写清楚、简单的家务等都不应该奖，需要奖励的应该是那些一般难以做到、表现突出的、进步明显的行为。

第五，奖励不能失信于孩子。说好要奖的就必须奖，说好奖多少就奖多少，不能把自己的承诺当作玩笑，也不能对奖品打折扣。有些父母，开始时信誓旦旦，你做到怎么样，我一定怎么样，可等孩子真的做到了，又反悔了。这是很不好的，对孩子的伤害是很大的，而对父母自己的威望也是极大的损害。

第六，辩证地对待奖励。优点的背后往往是缺点，缺点的背后也往往是优点，对孩子不能只奖不罚，也不能只罚不奖。要奖罚分明，不能因为奖，而看不到孩子的缺点，也不能因为罚，而看不到优点。

拥抱是对孩子最好的肯定

可以说，在90后的身上，有着很多时尚的元素，他们喜欢潮流、喜欢浪漫。相爱的双方结合在了一起，拥抱成为他们习以为常的表达爱的方式之一。然而，在对待下一代的教育问题上，他们是否意识到拥抱是对孩子最好的肯定？

是的，拥抱是一个大家都熟悉的身体动作、是一种表达感情的方式。发自内心的拥抱能迅速传递内心的感受，传递心中的爱，把语言无法表达的情感传递给对方。美国著名的心理学家赫洛德·博斯博士研究发现，拥抱可以让人更年轻、更有活力，并能让家人之间更亲密。父母常常拥抱自己的孩子，能提高他们的心理素质，让他们变得更坚强。同时，拥抱也是对孩子最好的肯定。

心理学研究发现，人类都有皮肤饥饿感，当一个孩子被拥抱时，他的幸福感和安全感也是比较强烈的，这是促进孩子情感发展的重要基础。拥抱，是一种亲密接触，是心灵真情的表露，是爱心火花的迸发，孩子需要用拥抱来宣泄、表达、欢庆和抚慰生活中的喜怒哀乐。一个长期不被别人拥抱的人，他的心灵和情感都是孤独的，容易形成敏感退缩、脆弱的人格特征。所以，父母平时应多拥抱孩子，以解其"皮肤饥饿"。

情景一：

一天，父亲去学校接生病的儿子去医院吊水，儿子见到父亲，赶紧从后门来到他跟前，他习惯性地用嘴巴靠了靠儿子的额头，感觉一下热没热。一会儿，老师从教室走到门外告诉这位父亲：同学都嫉妒你儿子呢，说他爸爸在拥抱他，他真幸福。这时，父亲看到儿子得意的样子，甭提心里有多高兴了。

情景二：

放学了，母亲去接儿子。"儿子快来，妈妈抱抱，宝贝，今天好像有点不开心哎，告诉妈妈好吗?"儿子便一一道来，他俩边走边聊，一会儿儿子就非常开心了。

情景三:

每次睡觉前，4岁的女儿总要妈妈帮她脱衣服，然后把手在妈妈身后绕一圈，双手拥抱着她，然后问她:"妈妈，你爱我吗?""妈妈爱你! 妈妈永远爱你! 宝贝睡觉吧!"女儿美滋滋地闭上眼睛睡觉了。

看吧，拥抱有多么神奇的功能! 给孩子一个拥抱，用身体去接触孩子，让孩子感受到父母的力量、父母的爱，父母的爱和拥抱将会给孩子无比的信心。

诚然，每个人在成长过程中都有一个重要的照料者，被照料者和照料者之间紧密的情感联系被心理学家定义为依恋。当父母张开双臂拥抱孩子时，他们在大人的臂弯里感受到了体温。这让亲子之间的依恋关系进一步得到加强，也给孩子带来了安全感，让他们感到自己无论做什么，都有父母作为坚强的后盾，于是，这样的孩子更有勇气，遇到挫折时也不会感到孤独。

事实上，能经常获得拥抱的孩子，性格和智力会得到很好的发展。反之，如果缺少拥抱，孩子的性格发展可能会出现偏颇，甚至产生孤僻性格。另外，温暖的拥抱还能赋予孩子战胜压力的力量。孩子从小到大要承受各种压力，上学时有考试压力、交友时有人际压力。而拥抱就是一种无言的力量，让孩子在身心放松的同时，也感受了父母用肢体传递给他们的动力，那就是"宝贝儿，你一定能行"。所以，在孩子受到压力时，这种潜藏在内心的力量就会推动他们尽快地释放压力，轻装上阵。

有的父母抱怨，每天的工作都很忙，压根儿没有时间拥抱孩子，也不知道在什么情况下应该拥抱孩子。其实，只要父母用心，一天中的什么时候什么情况下都可以拥抱孩子、给孩子鼓励——

在不少家庭中，孩子的一天始于父母的唠叨指责之中："你怎么搞的，这么慢吞吞的?""你怎么只吃这么一点?""你到底是缺了哪条筋，丢三落四的。"……父母着急上班就不停地催促孩子也跟着忙碌，孩子还需要适应这个忙碌的节奏，而孩子对于这些情绪化十足的负面言语，只会感到不舒服，从而影响他一天的情绪。久而久之会影响父母与子女间的关系。相信这些不是所有人都想看到的。那么不妨换种方式，效果会出乎你的意料。即使孩子做错了事，或是任性、发脾气，也不妨先给他一个拥抱，让孩子在你的拥抱中稳定下来，然后再说一些你想说的话："刚才你的书还在沙发上，装上了吗?""我们一起抓紧时间，这样就不会迟到了。"这时哪怕你在唠叨，孩子也乐意接受。美好而快乐的一天便由此开始了。

傍晚，经过了一天的劳累，大家都回到了家里，进家门的时候给孩子一个拥抱，像朋友一样欢迎他，这可以博得孩子的信任。一天中有可能发生很多事情，也许孩子得到表扬了，会兴高采烈地跟你分享；也许孩子受到委屈了，那么即使你什么都没说，一个拥抱，孩子也能感受到爱和温暖。一个拥抱可能让孩子的小委屈一扫而空，刚刚还抵触吃饭的情绪得到缓解，也不会对孩子的健康造成影响。

夜深了，要睡觉了，这时，父母要认识到，不能让孩子带着一天的不良情绪入眠，睡前给孩子一个拥抱，安抚孩子的情绪，可以让他有一个甜美的梦。

总之，拥抱这个再平常不过的动作，对孩子有着魔法般的赞赏效果。父母们，让孩子在拥抱中成长、在爱中成长吧，这样，孩子也就会懂得如何去拥抱别人、关爱别人。

用放大镜找孩子的优点

任何一个人，渴望被别人肯定的心理需要大大超过被别人否定的心理需要。这个规律大多数父母都懂，也想多表扬孩子，但往往觉得找不到值得表扬的优点，这该怎么办呢？其实，方法很简单，只要父母在日常生活中多留心，拿着放大镜观察，就总能发现孩子有进步的地方。

著名教育专家孙云晓教授在浙江举行的"'忠告天下父母'报告会"上为现场的父母们布置了这样一道"家庭作业"——你今天回家去发现一个孩子的优点，能够发现十个的，是优秀的父母，能够发现五个的，是合格的父母，不能发现的，是不合格的父母。孙云晓同时还指出："成功父母与失败父母的区别是，前者将孩子对的东西挑出来，把他的优点挑出来，而不明智的父母，一眼就看到孩子的缺点……人有八种智能，而学习好的人，只是语言智能和数学智能较好，而不同人的优势是不一样的。只要父母用心观察，就一定能够发现孩子的优点。"

是的，只要父母用心观察，就一定能够发现孩子的优点。

从前，有个老员外，他的三个儿子都很笨，老员外很发愁，担心家产会败在他们手里。于是，他决定请当地很有名的老秀才来教他的三个儿子。

老秀才说："我得考考你的三个儿子，通过考试我才能收下他们。"老员外心里暗暗叫苦。

第一个上场的是大儿子。考试的内容是对对联，老秀才出的上联是：东边一棵树。大儿子急得头上冒出了汗，也想不出该对个什么下联，嘴里一个劲念叨："东边一棵树，东边一棵树……"老员外在一旁直想发火。一会儿，老秀才说话了："此孩子记性不错，我只说了一句，他就记住了，可教也，我收下。"

第二个出场的是二儿子。老秀才出的还是那道题：东边一棵树。二儿子进考场之前已听哥哥说过题目，张口就对："西边一棵树。"气得老员外目瞪口呆。老秀才说："此子改了方向，以西对东，对得贴切，可教也，收了。"

最后是三儿子。老秀才仍然是那道题：东边一棵树。三儿子想了半天，也没有想出好的下联来，不由得大哭起来。老员外觉得他太丢人了。谁知道，老秀才说道："此子有羞耻心，可教也，收了。"老秀才收下老员外的三个儿子，并最终把他们教育成了有用之人。

这个故事告诉我们：任何一个孩子，不管他的天资再差，缺点再多，只要他有那么一点点的优点，就是可教之才。作为父母，要善于发现孩子的优点，让孩子在自信中成长。有时，即便孩子犯了错误，父母难免会责备孩子，但是责备的方法有很多种，如果方法不当，可能会影响孩子的一生。而如果父母善于找到孩子错误中隐藏的优点，然后赏识孩子，不仅可以让孩子充分认识错误，而且还会继续保持这个优点，从而养成良好的对待错误的习惯。所以，面对"坏"孩子，父母更需要竭力去找他们的闪光点，哪怕是沙里淘金，哪怕是微不足道，都需要出自真心地去赞扬、鼓励和引导。

冰玲 8 岁的时候，有一次，她一个人在家把屋子收拾得干干净净。妈妈回来后，禁不住赞叹："哇，是谁这么勤劳，把屋子收拾得这么干净！"冰玲从房间跑出来。妈妈说："原来是我的宝贝女儿啊，你真是太了不起了！"妈妈发自内心的夸奖，从此让冰玲爱上了家务劳动。

这个故事说明：父母应该努力发现并且放大孩子身上的优点，这是一种创新的家教方法，也是当代父母最能有效地激励孩子成长进步的方式。

那么，父母应怎样发现并放大孩子的优点呢？

第一，不要老盯着孩子的缺点。对于孩子来说，父母的话具有很大的权威性。父母不仅不要整天把孩子的毛病、缺点挂在嘴上，不停地数落，更不能对孩子说结论性的话，比如说"笨蛋""你真没治了"等话。千百年来，我们的教育观念，就是先找孩子的缺点，然后不断地提醒、警告，让他改掉缺点。总认为改正了缺点，孩子就进步了，就提高了，没缺点了就完美了，完美了就杰出了。这个理论是不对的、不可取的。

第二，用发展的眼光看待孩子。不要把孩子看"死"了。只要细心观察孩子，就会发现孩子有进步的地方：可能对问题的认识提高，分析问题能力增强，可能某方面科学文化知识增加，可能一次作业进步或者一次考试进步，可能在劳动或公益活动方面表现较好，可能文艺、体育取得好成绩，可能有什么小发明、小制作等等。关键的是要拿孩子的今天比昨天、比前天，而不是跟别的孩子比，哪怕发现一点微小的进步，也应及时肯定。不应该由于横着比或高标准要求而看着不起眼儿，认为不值得一提就把点滴进步漠视、忽略过去。应该想到"星星之火，可以燎原"，优点是一步步发展的。

第三，适当夸大孩子的进步。孩子即使没有进步，父母也应该寻找机会进行鼓励。如果孩子确实有了进步，父母就应该及时夸奖他们"进步挺大"。这样一般都可以调动孩子心中的积极因素，促使孩子期望自己取得更大的进步，孩子就有可能取得"事半功倍"的奇效。

千万不要嘲讽孩子

"哎呀，竟然主动念起书来了，真是太阳打西边出来了。"

"你不是有三头六臂吗！那好呀，你自己处理吧。"

"你可真聪明，十道算术题就有九道算错了。"

"……"

生活中，常听到90后父母这样"夸"孩子，本来只需说声

"你能刻苦就太好了""自己的事情自己做"和"算错了没关系，重新来"就可以了，可是作为父母的偏偏要语带讥讽，把话说得酸溜溜的。对此，有个90后父亲直言不讳：自己的工作、生活压力大，对孩子的教育很没有耐心，如此挖苦孩子，也是使自己压抑的感情得到发泄的途径。

然而，这么做的父母没有意识到，这种嘲讽的话对孩子来说，就是一种人身攻击。用这样尖酸刻薄甚至冷酷无情的语言来伤害孩子，它不是一种"恶毒的武器"是什么？它传达出的信息就是对孩子的不信任，对他取得的成绩的蔑视，对他的人格的侮辱。它就像一把利剑深深扎进孩子幼小的心灵里。

诚然，有些父母对孩子抱有极大的期望，他们望子成龙、望女成凤的心十分迫切，每当孩子达不到他们要求的时候，往往有恨铁不成钢的感觉，对孩子一味进行指责、谩骂，甚至嘲讽。父母以为，这样可以激发孩子向上的信心。其实不然，嘲讽只会使孩子上进心、自尊心受到伤害，对孩子的精神健康造成无法挽回的严重损失。并且，父母的嘲讽往往会使孩子变得感情冷漠，对家庭充满厌恶与反感，进而引发孩子的反抗和报复心理，造成孩子和父母之间的感情壁垒。

有一位女士去体检，查出心脏有些问题。她忧心忡忡地对丈夫说："才30来岁就得了心脏病，将来老了可怎么办呢？"

这时，她5岁的小女儿飞跑过来，两只小手环住妈妈的腰："妈妈别怕，等你老了，我就长大了，给你做最香的饭，买最漂亮的衣服，请世界上最高明的医生，把你的病治好！"

母亲听后却讪笑道："去去去！这会儿巧嘴八哥样说得好听，等到我真的又老又病了，你怕是躲还躲不及呢！"

女儿的脸霎时成了石榴花的猩红，低下头嘟起嘴唇。母亲却依然只顾自己感慨："现在的孩子，升学难，找工作难，买房难。只要她将来能够养得了自己，不摊开两手向父母讨生活费，已是谢天谢地了，哪里还敢指望她，这些漂亮话，日后谁肯认账？"

尴尬的女儿转过身，睫毛簌簌地抖着，委屈的眼泪不由自主夺眶而出。

有时，父母并不是有意伤害自己的孩子，但是在盛怒之下，嘲讽的语言就会脱口而出，事后父母也会忘得一干二净，他们甚至不知道自己说了些什么，自然也不清楚他的这些嘲讽的话对孩子的伤害有多深。他们的所作所为，也许是一种习惯。可是孩子不会忘记父母对自己的嘲讽，有的嘲讽会给孩子造成刻骨铭心的伤害，多少年以后，孩子还仍然记得父母所说的话。

苏联教育家马卡连柯说过："嘲笑，如讽刺挖苦一样，会使人失去自尊，没有自信。孩子正处于培养自尊和自信的关键时期，家长在任何时候，都切忌嘲讽自己的孩子。"嘲讽，会让大人感觉没有受到尊重，但大人有调整自己思想情绪的能力，即使听到嘲笑的声音很不舒服，但只要认为自己做的事是对的，都会坚持下去。而嘲讽对于孩子来说，带来的负面影响要严重得多。不管是何种类型的嘲讽，如果孩子意识到大人是在取笑自己，就会手足无措，失去继续做下去的勇气，甚至出现畏缩倒退的心理，以至影响一生的健康成长。

那么，父母应如何才能避免走入嘲讽孩子的误区呢？

第一，遵循孩子的成长规律，提出合理要求。要使教育获得成功，就要全面了解孩子身心发展的实际水平，遵循孩子生理和心理的发展规律。无论是让孩子学做家务劳动，还是让孩子学习文化知识，都要从孩子实际身心发展情况出发，遵循从易到难的顺序进行，忽视了这一点就难以获得应有的效果。

第二，父母要控制情绪，平衡心态。当孩子犯了错误或做出一些令父母难以接受的行为时，有些父母一时过于激动，控制不了自己的情绪，不听孩子的解释，就对孩子进行训斥、嘲讽。所以，父母应学会控制自己的冲动的情绪。

嘲讽就像一堵墙，会成为父母和孩子之间无形的障碍，会造成父母和孩子的对抗。孩子可以接受父母的批评，但绝对接受不了父母的嘲讽，因为嘲讽对孩子心灵的伤害实在太大了。所以，父母在教育孩子时，一定要深思熟虑，千万别把带着嘲讽的话语甩给孩子。

第四章　为孩子在竞争场上"镀金"

对孩子来说，所谓竞争，不是争吃、争穿、争霸，而是知识和智能的竞争，更是心理状态、做事和做人的比拼，即竞争能力和潜质的培养。竞争力不是通过说教得到的，竞争力也不是孩子长大后才会具有的品质，父母应从儿童时期就开始培养。根据孩子的年龄段，要有意识地给孩子设计一些门槛，给他们提供跨越的机会，同时，要循序渐进、持之以恒，只有这样，孩子才会在生活演习中体验到竞争的魅力。

有学习力的孩子最有竞争力

在一次家长会上，有位 90 后母亲叙述了自己辅导孩子做家庭作业的情况。"每天要孩子做作业，就像不得不跑的马拉松比赛一样，说好话、唠叨、做不完不能睡觉等等，都很难让他好好地完成作业，有时熬到晚上 10 点，实在没办法只好把答案直接给他。"这时，老师问她："孩子为什么要做作业？"这位母亲怔了一下："老师布置了作业就要做啊。不交作业怎么行？"她的回答得到了在场几乎所有家长的认同。

其实，孩子做作业的目的是提供孩子练习的机会、增强学习技巧、掌握学习内容，但更重要的潜在目的是通过作业来培养孩子的责任感、自主性、耐性、时间管理、创造性、自信和应变能力。因此，作为父母，思想需要转变，做作业不是为了交差，而是为了培养孩子的学习能力。

"家有黄金用斗量，不如孩子本领强。"学习能力就是要求一个人不仅要学习宽泛博学的知识，还要学会学习的方法，树立终身学习的理念，与时俱进。一个人的学习能力往往决定了一个人竞争力的高低，也正因为如此，无论对于个人还是对于组织，未来唯一持久的优势就是有能力比你的竞争对手学习得更多更快。

一个人如果想要在激烈的竞争中立于不败之地，就必须在生活工作中不断地有所创新，而创新则来自知识，知识则来源于一个人的学习能力。

21世纪已经过去了20年，今天的学习具有全新的内涵，学习的内容和范围大大拓展。研究证明，人类在最近30年所获得的知识约等于过去2000年之总和，而未来若干年内科技和知识还会在许多领域出现更为惊人的突破。预计到2050年左右，人类现今所掌握的知识届时将仅为知识总量的1%。由此可见，在孩子的一生中，最重要的是孩子是否具有较强的学习能力。因为孩子具有较强的学习能力，就能够主动地获取新知识，适应"知识爆炸"的形势。

那么，父母如何培养孩子的学习能力呢？应从以下几方面入手：

第一，激发孩子的学习热情，强化孩子的进取心。孩子的进取心大多是由外在的要求进而转化为自己的愿望的。因此，目标教育是必需的。目标可以树立孩子的雄心，雄心可以引导孩子追求，拿破仑的名言"不想当元帅的士兵不是好士兵"，实际上是有激励作用的。同时应该注意的是：短期目标应按照孩子的能力来定，长远目标是明天的，短期目标则是今天的。目标定得太高实现不了时，会挫伤孩子的积极性，从而影响上进心。

第二，用表扬唤起孩子的求知欲。任何人都需要鼓励、需要表扬。在教育孩子的过程中，应经常为孩子提供或创造获得成功的机会。诸如提些简单的题目让孩子思考，安排些力所能及的活动让孩子操作，使孩子从中体验成功的欢乐。对于孩子的成绩，父母一定要看到，只要有进步，就要给以肯定。

第三，培养孩子广泛阅读的习惯。苏联教育家苏霍姆林斯基说："让孩子变聪明的办法不是补课，不是增加作业，而是阅读，再阅读。"因此，做父母的要不断挑选各种适合孩子阅读的书籍，引导孩子认真阅读，养成他广泛阅读的习惯，这将使孩子终身受益。只要父母能持之以恒地严格要求孩子，必然能培养孩子良好的学习习惯。

第四，父母树立好学的榜样。培养孩子学习能力的最好方法是父母以身作则，父母是孩子的第一任老师，其言谈举止在日常生活中潜移默化地影响着孩子的一言一行，孩子行为学习的对象首先是父母，父母要求孩子做到的自己首先就要做到。比如，有一位父亲要求孩子星期日至星期四晚上不能看电视。刚开始时，孩子在完成作业后，忍不住吵着要看，理由是父母开着电视，影响到自己学习。为了使孩子养成习惯，父亲就提出在孩子睡觉之前自己也不看电视，和孩子一起学习或玩耍。久而久之，孩子好学的习惯养成了，父母已也有了相对固定的学习时间。

管理大师德鲁克说："真正持久的优势就是怎样去学习，就是怎样使自己能够学习得比对手更快。"是呀，学习是一种生存能力的表现，通过不断学习，专业能力就会不断提升。所以，一个人不论处于人生的哪个阶段，都不应该停止学习。因为在人生的进程中，需要胜任工作的能力和能够迅速取得新能力的方法。为了求生存和求发展，每个人都必须不断学习那些自然和本能没有赋予自己的生存技术，而为取得新的生存技术就必须不断学习。如果停止学习，必定会落后于人，而在当今社会里，落后就会被淘汰。

培养孩子专注的能力

"注意" 是一个古老而又永恒的话题。俄罗斯教育家乌申斯基曾精辟地指出："'注意' 是我们心灵的唯一门户，意识中的一切，必然都要经过它才能进来"。可见，注意是指人的心理活动对外界一定事物的指向和集中。而一个人具有注意的能力就称为注意力。

那些取得优秀成绩，做事有条不紊的孩子，都有一个共同的特点，那就是注意力集中、专注能力强。在孩子的学习生涯中，父母与其不断地操心孩子的成绩，不如培养孩子专注的能力。只要孩子的注意力集中了，他做什么事又何愁不成功呢？

在树林旁边，有一条小河，河里有许多鱼在游来游去。

一天早上，猫妈妈带着小猫到小河边去钓鱼。它们刚刚坐下，一只蜻蜓飞来了，蜻蜓真好玩，飞来飞去像架小飞机。小猫看了真喜欢，放下鱼竿就去捉蜻蜓。蜻蜓飞走了，小猫没捉着，空着手回到河边，一看，猫妈妈钓了一条大鱼。

小猫又坐到河边钓鱼，一只蝴蝶飞来了，蝴蝶真美丽，小猫看了真喜欢，放下鱼竿又去捉蝴蝶。蝴蝶飞走了，小猫又没捉着，空着手回到河边，一看，猫妈妈又钓了一条大鱼。

小猫说："真气人，我怎么一条鱼也钓不着？"

猫妈妈看了看小猫，说："钓鱼要一心一意，不要三心二意，你一会儿捉蜻蜓，一会儿捉蝴蝶，怎么能钓到鱼呢？"

小猫听了猫妈妈的话很难为情，下决心要一心一意地钓鱼。

蜻蜓又飞来了，蝴蝶也飞来了，小猫就像没看见一样，一步也没走开。不一会儿，嗨！钓竿上的线往下沉，钓竿也动起来了啦，小猫使劲把钓竿往上甩，"哎呀！"一条大鱼钓上来啦。鱼摔在地上，噼噼啪啪地乱蹦，小猫赶紧捉住大鱼，高兴地喊了起来："我钓到大鱼啦，我钓到大鱼啦！"后来，猫妈妈和小猫一起拎着钓到的鱼，高高兴兴地回家了。

小猫钓鱼的故事给我们的启迪是，在日常生活中，我们要做到，玩的时候尽情地玩，不要想与学习有关的事情，让大脑得到充分的休息；而学习的时候就要全神地投入，专心致志，这样才能收到良好的效果。

因此，父母在培养孩子注意力方面，应做到以下几点：

第一，营造安静的环境。孩子的注意稳定性差，容易因新异刺激而转移，这是孩子的普遍特点。父母应根据这一特点，排除各种可能分散孩子注意的因素，为孩子创造安静、简朴的物质环境。当孩子全神贯注地做某件事时，父母不应随意地去打扰孩子。比如，孩子正聚精会神地玩着积木，爸爸走过来问一问吃饱了吗，一会儿，奶奶又走过来让孩子去喝果汁，又一会儿，妈妈又叫他帮忙去拿样东西。孩子短短几分钟的活动被大人们打断数次，时间一长，自然无法集中注意力。所以，在孩子专心做事时，家长最好也坐下来做些安静的活动，切忌在旁边走来走去，打扰孩子。

第二，从孩子感兴趣的事情入手。孩子对感兴趣的事物自然特别关心，集中思想聆听学习，问许多问题，父母要给予孩子满意的答案。比如可以从绘画、走迷宫等入手，培养孩子的专注力。如果孩子坚持的时间比较长，父母要有意识地表扬孩子，让孩子体验到专心做好一件事情的好处。

第三，要求孩子在规定的时间内完成作业。如果孩子作业太多，可以分段完成。有的父母因为孩子注意力不够集中而在旁边"站岗"，这不是长久而行之有效的办法，因为长期这样，会使孩子产生依赖心理。此外，父母也应该了解，研究表明，注意力稳定时间分别为：5~10岁20分钟；10~12岁25分钟；12岁以上是30分钟。如果想让10岁的孩子60分钟专注地完成作业几乎是不可能的。

第四，对孩子讲话不要总是重复。有些父母对孩子不放心，一件事总要反复讲几遍，这样孩子就习惯于一件事反复听好几遍。当父母凡事坚持只讲一遍时，孩子就会更珍惜，从而提起精神来认真倾听，久而久之，孩子就养成了认真听讲的习惯。父母对孩子交代事情只讲一遍，是培养孩子注意力的一种方法。

第五，让孩子学会自我约束。孩子的自控能力较差是注意力容易分散的另一个重要原因。当有新鲜的刺激出现时，成人可以约束自己不去关注它，但孩子却很难做到。因此，为培养孩子的注意力，成人可以有意识地创设情景逐渐提高孩子的自我约束能力。

第六，训练孩子善于"听"的能力。"听"是获得信息、知识的重要途径。会听讲对孩子来说是相当重要的，因为父母多半是以讲解的形式向孩子传授知识。父母可以通过听来训练孩子的注意力，比如父母可以让孩子听音乐、听小说，鼓励孩子用自己的话来描述听到的内容，从而培养专心听讲的好习惯。

让孩子乐观面对每一天

美国著名心理学家特尔曼教授和他的学生柯克斯博士曾对 301 位伟大人物进行了研究，发现他们在青少年时代都具有坚强自主、不怕困难、勇往直前、乐观向上的特征。

塑造孩子的乐观性格就是在点燃孩子对未来、对成功的希望之火。乐观的孩子能从消极中找寻积极的一面，也因此让自己拥有一片更广阔的天空。

在很早以前，一个村子里有两个人，都想要穿过茫茫的戈壁到沙漠的另一边绿洲去开拓新的生活。而且他们都知道在沙漠的中间有一座暹罗人留下的古堡遗址。传说中神秘的暹罗人的后代经常在那里出没，并且经常在古堡旁边的两条小路上，分别放着两杯清水，专给穿越沙漠的人救命用。

有一年的夏天，他们两个决定：要穿过沙漠去另一边的绿洲开拓生活。他们后来分别出发，开始了穿越茫茫沙漠，开拓新生活的壮举。

当第一个人走到古堡的时候，水已经喝完了，他轻而易举地找到了那个水杯。但是，当他发现只有半杯水的时候，他就开始了抱怨、诅咒、谩骂，恨前边走过的人怎么掉了杯子里的半杯水，也骂暹罗人的吝啬。突然，刮起一阵强风，飞起的沙粒落在了水杯里，当他还在那抱怨水里有了沙子怎么喝的时候，又一阵狂风把他手中的水杯刮走了，水洒落在沙漠中。在他抱怨间，就连这半杯水，他都没有喝上。不久，他就死在了沙漠里。

当第二个人走到古堡的时候，水也已经喝完了，而且精疲力竭。他挣扎着找到了那个水杯。当他看到杯子里还有半杯水的时候，他立即端起水杯一饮而尽，然后跪在地上感谢上天，感谢暹罗人的救命之恩。少顷，狂风大作，沙尘霏霏。他躲藏在古堡的残垣断壁下歇息；风停了，他走出了沙漠，看到了绿洲，过上了幸福的新生活。

同样的环境里，心态不同的人所看到的事物不一样，也就决定了他们截然不同的命运，这正是悲观者与乐观者的区别。可见，塑造孩子乐观的性格，对孩子一生的成长都很重要。

乐观的孩子能以幽默的眼光看待不愉快的事情，能体谅他人的难处。与人相处，他们善于换位思考，所以会发现别人优点，更能包容别人缺点，他们不会因为他人曾经伤害了自己就耿耿于怀，跟自己过不去！

乐观的孩子有颗积极向上的心，他们对未来充满了信心和希望。他们能在困难中看到光明，在逆境中找到出路，尽快走出阴霾；而悲观的孩子往往看不到前路，总觉得生活很惨淡，人生看不到希望，于是消极怠慢"做一天和尚撞一天钟，得过且过"。

乐观的孩子比较容易发挥自己的专长，他们能在生活中不断激发自己的热情，开掘自己的潜能；乐观的孩子还能吸引和感染周围的人，使他人也变得开朗、乐观起来，从而争取他们的理解、支持与帮助。而悲观的孩子，不仅仅让自己深陷于情绪的低谷中，忧郁不安，还给人一种压抑的感觉，所以没有人喜欢与悲观的人共处，以致自己也过得压抑不堪。

乐观向上的性格在孩子成长过程中的作用如此之大。对于那些悲观、孤僻的孩子，父母可以采取以下原则进行塑造。

第一，教会孩子与人融洽相处。和他人融洽相处者的内心世界较为光明美好。父母不妨带孩子接触不同年龄、性别、性格、职业和社会地位的人，让他们学会和不同类型的人融洽相处。当然，孩子首先得学会跟父母和兄弟姐妹融洽相处，跟亲戚朋友融洽相处。此外，父母自己应与他人相处融洽，做到热情真诚待人，不势利卑下，不在背后随意议论别人，给孩子树立一个好榜样。

第二，让孩子爱好广泛。一个孩子如果仅有一种爱好，就很难保持长久的快乐感觉。试想：只爱看电视的孩子一旦晚上没有合适的节目时，心头必然会郁郁寡欢。如果，孩子也爱读书，那看不成电视时去读书、看报或做游戏，同样也能乐在其中。

第三，拥有适度的自信。拥有自信与快乐性格的形成息息相关。对一个因智力或能力有限而充满自卑的孩子，父母务必发现其长处发扬光大，并审时度势地多作表扬和鼓励。来自父母和亲友的正面肯定无疑有助于孩子克服自卑、树立自信。

第四，勿对孩子控制过严。作为父母，当然不能对孩子不加管教、听之任之，但是控制过严又可能压制孩子天真烂漫的童心，对孩子的心理健康产生消极作用。不妨让孩子在不同的年龄阶段拥有不同的选择权。只有从小能享受选择权的孩子，才能感到真正意义上的快乐和自在。

第五，创建快乐的家庭气氛。家庭气氛，家庭成员之间的关系，在很大程度上会影响孩子性格的形成。研究表明，孩子在牙牙学语之前就能感觉到周围的情绪和氛围，尽管当时他还不能用语言来表达。可以想见，一个充满了敌意甚至暴力的家庭，绝对培养不出开朗乐观的孩子。

第六，物质生活避免奢华。物质生活的奢华会使得孩子产生一种贪得无厌心理，而对物质的追求往往又难以获得自我满足，这就是为何贪婪者大多并不快乐的根本原因。相反，那些过着简单生活的孩子，往往只要得到一件玩具，就会玩得十分高兴。

教孩子如何与人真诚沟通

按照网上的观点，90后是很"酷"的一代，特别是在一些公众场合，他们故意把自己扮成"冷漠"的代言人，摆出一副高高在上的姿态，从不主动与人搭讪。这样的状况在他们为人父母后，尤其是在教育孩子方面，应该改一改了。

无可置疑，人与人交往的基础是沟通。沟通能力的优劣对孩子的身心健康与今后的发展有着举足轻重的影响。为人父母，应培养孩子与人真诚沟通的能力，要知道，一个胆小内向、不善于与人沟通，不善于表达自己想法的孩子难免要多走一些弯路才能达到目标；而一个善于沟通的孩子能让自己的成功之路变得更加顺畅。

现在的孩子学习任务很繁重，压力很大，而良好的沟通能力，能融洽孩子与他人的关系，减轻孩子的心理压力。在与人沟通的过程中，孩子在了解他人、让他人了解的同时，逐渐迈出了自己的"狭窄个人天地"，不再孤独、压抑。他们能从与人交往中找到生活的乐趣。因为善于沟通，孩子还可能排除孤独感和脆弱心理，克服愤怒、恐惧、害羞等有害情绪，变得越来越擅长交际、理解他人、善解人意，也因此为他人所喜欢。而在与人沟通、交往的过程中，孩子会慢慢认识到自己的能力，体验到自身的魅力。他们的自我意识在他人的认可中慢慢建立起来，变得越来越自信。总之，善于沟通的孩子容易立足社会。

自然，与此相反的是，不善沟通的孩子就只能生活在自己个人的世界里，他们无法知道别人的内心想法，也就体会不到别人的乐趣。

一个小公主病了，她娇憨地告诉国王，如果她能拥有月亮，病就会好。国王立刻召集全国的聪明智士，要他们想办法拿月亮。

总理大臣说："它远在三万五千里外，比公主的房间还大，而且是由熔化的铜所做成的。"

魔法师说："它有十五万里远，用绿奶酪做的，而且整整是皇宫的两倍大。"

数学家说："月亮远在三万里外，又圆又平，像个钱币，有半个王国大，还被粘在天上，不可能有人能拿下它。"

国王又烦又气，只好叫宫廷小丑来弹琴给他解闷。小丑问明一切后，得到了一个结论：如果这些有学问的人说得都对，那么月亮的大小一定和每个人想的一样大、一样远。所以当务之急便是要弄清楚小公主心目中的月亮到底有多大、多远。

于是，小丑到公主房里探望公主，并顺口问公主，"月亮有多大？""大概比我拇指的指甲小一点吧！因为我只要把拇指的指甲对着月亮就可以把它遮住了。"公主说。

"那么有多远呢？"

"不会比窗外的那棵大树高！因为有时候它会卡在树梢间。"

"用什么做的呢？"

"当然是金子！"公主斩钉截铁地回答。

比拇指指甲还要小、比树还要矮，用金子做的月亮当然容易拿啦！小丑立刻找金匠打了个小月亮、穿上金链子，给公主当项链，公主好高兴，第二天病就好了。

这个故事告诉我们，没有沟通与了解，就不可能知道他人真正的需求。如果我们不去关注他人真实的需求，而只是按照自己的意愿做事情，结果不论多么努力，效果总是不太明显。

父母应从哪些方面培养孩子的沟通能力呢？

第一，鼓励孩子表达自己的想法。鼓励孩子说出他的想法、表达自己的感受。让别人知道自己在想什么，是进行沟通的第一步，对于那些羞涩、内向的孩子尤其要如此。鼓励他们平时多说话，多发表自己的观点，鼓励他们与人争论。

第二，父母要学会倾听并鼓励孩子多说。三四岁的孩子想象力丰富，喜欢表达个人的见解，当孩子喋喋不休时，父母要以平等的朋友身份倾听，并可尝试从不同角度刺激孩子说话。增强孩子的沟通能力。

第三，鼓励以友善的姿态对待别人。在生活中，有些动作，比如叫喊、皱眉和紧握拳头等，表示出攻击性和不友好；有些动作，比如微笑、握手、拥抱等，则表示出友善的意味。鼓励孩子多做出一些友善的姿态，而不要总是一副盛气凌人、高人一等的架势，那样的话难免会把朋友都吓跑。

第四，鼓励孩子多参加集体活动。特立独行的孩子自然会缺少朋友、沟通能力差，所以，应该鼓励孩子多参加学校的各种社团活动。兴趣小组、公益活动、旅游、团体性的体育锻炼，都是促进孩子与别人沟通的好途径。父母应该鼓励孩子与别的伙伴交往，矛盾让其自己解决，这样的话，孩子的沟通能力就会在无形中增强。

鼓励孩子要相信自己

自信心是一种积极的心理品质，是促使一个人向上奋进的内部动力，是一个人取得成功的重要心理因素。父母重视培养孩子的自信心，对孩子是否终身幸福有着极大的影响。

在许多成功人士身上，我们都可以看到这种超凡的自信心，正是这种自信心的催化作用，使他们不断努力，百折不挠，并在失败中看到希望，最终获得成功。自信心对一个人一生的发展所起的作用，无论在智力上还是体力上，或是处世能力上，都有着基石性的支持作用。自信心就像人的能力催化剂，将人的一切潜能都调动起来，将各部分的功能推动到最佳状态。而高水平的发挥在不断反复的基础上，巩固成为人的本性的一部分，将人的功能提高到一个新的水准。一个人的成长路线如果是沿着这样的积极上升式行进，可以想象其积累效果是十分可观的。

而与自信截然不同的心理状态是自卑，自卑就是对自己没有信心，看不到自己的优点，总拿自己的缺点与别人的优点相比，不能充分地认识自己，对自己过分贬低。

在英国的一个小镇上，住着一对相依为命的母女俩，女孩很早就失去了父亲，贫穷使这个家庭遭受了莫大的自卑阴影，尤其是带给孩子心灵的创伤，是无法用语言表达的，因为小姑娘从小就没有穿过漂亮的衣服，也没有戴过美丽的首饰。就是在这样贫寒的生活中，女孩长到了 18 岁。

在她 18 岁那年的圣诞节上，妈妈破天荒地给了她 20 英镑，让她给自己买一份圣诞礼物。女孩非常高兴，但是她还没有勇气从大路上大大方方走过，她捏着钱绕开人群，贴着墙角朝商店走去。

一路上她看见所有的人生活都那样快乐，心中不仅又增添了童年自卑的阴影，她注定是这个小镇上最寒碜与丑陋的姑娘，在拐弯的路口姑娘还看到了自己心仪的小伙子，心里又增添了酸楚：今天晚上的舞会上也不知道谁会是这个帅气小伙子的舞伴？

她这样一路嘀咕地来到商店。一进门她被琳琅满目的商品刺痛了，因为从小她就没有这样的机会到这样的商店为自己选择一件礼品，她看到了柜台上摆放着特别漂亮的缎子做的头花和发卡。

正当她站在那里发呆的时候，售货员对她说，小姑娘你的亚麻色的头发真漂亮！如果再配一个淡绿色的头花会更漂亮。姑娘看到标签上写着 16 英镑，就说自己买不起而拒绝了。就在这个姑娘拒绝的同时，售货员已经把头花戴在了她的头上。

售货员拿着镜子让姑娘自己看，姑娘从镜子里看到自己后，竟然惊呆了，她从来没有发现自己是如此的美丽，她觉得是一朵头花让她变得像天使一样美丽。

她不再迟疑，掏出钱买下了头花，她内心无比激动与沉醉，接过售货员给她的 4 英镑零钱后转身就往外跑，结果由于激动撞在一个胖胖的绅士肚子上，但她没有停留的意思继续往外跑，后面似乎传来绅士喊她的声音，但姑娘已经顾不得这些了，一路上她有点飘飘然的感觉，而且她没有顺着来的墙角走，而是堂堂正正地走大路。

许多看到她的人都把惊讶的目光投向她，并一个劲儿地议论：这是谁家漂亮的姑娘？并且她还遇到了那个心仪的小伙子大声对她说："今天晚上的圣诞舞会我能不能荣幸地请你做我的舞伴？"

这个姑娘简直心花怒放！她从来没有得到这么多人对自己的赞美！并且想既然这样也把最后剩余的 4 英镑再为自己买一件礼品吧。于是，她又跑了回去。

刚进门，那个胖胖的绅士就微笑着对她说："孩子，我知道你一定会回来，你刚才撞我的时候，这个头花也掉下来了，我一直在这里等待你来取。"

一朵莫须有的头花改变了一个小姑娘对于自身美丽的再认识，这就是自信与自卑的两面，它们其实是一对孪生兄弟。《圣经》里说：如果你有一点信心，你即会对此山说，由此处往彼处移，而它就真的会移动。这就是自信的力量。而一个人如果做了自卑情绪的俘虏，是很难有所作为的。

所以，父母要帮助孩子树立自信心，为此，父母可以从下面几方面来努力：

第一，别给孩子过高的要求。对孩子的要求如果太高，孩子就很难实现目标，就很难建立起信心。如果父母针对孩子的实际水平适当地降低标准，孩子就很容易取得成功。成功对于孩子来说，往往会产生意想不到的效果，孩子就会从不难获得的成功体验中获得充分的自信，从而取得更大的进步。

第二，切忌拿别人孩子跟自己孩子比较。很多父母为教育孩子，总是拿班上学习好的同学来和自己孩子比较，或拿自己单位同志的孩子和自己的孩子比较，试图让自己孩子能够学习别人孩子的优点或激发孩子的上进心。这种做法对孩子的成长是极为有害的。每个家长应该认识到，每个孩子都有他自己的独特长处和与众不同的个性，每个孩子只有从他自己实际的基础上发展才能成才。因此，父母的首要任务是帮助孩子找出他的长处，发展他的个性。

第三，正确对待孩子的失败与挫折。当孩子考试失败或遇到其他挫折，他们需要的绝对不是父母劈头盖脸一顿训斥，或者阴阳怪气地嘲讽。他们也不需要父母无原则的安慰与同情。他们最需要的是他们生活中最重要的人的理解、支持与鼓励。

会说话的孩子受人欢迎

有些孩子给人的第一印象并不差，可当他与人聊起话来时，一下子就给对方讨厌的感觉。这是什么原因呢？显然，这是因为孩子不会说话导致的。孩子没有把话说到对方的心坎上，就会让人不舒服。可见，如果一个孩子不善言辞，就很可能会阻碍到今后的发展。

相反，一个善于言谈、口才突出的孩子能在人群里做到谈笑自如，幽默得体，赢得他人的喜欢。通过口才，孩子能迅速走进他人的心灵，为自己赢得更多的友谊与喝彩。一个口才突出的孩子，长大以后，更容易从人群里脱颖而出，为自己赢得更多的发展空间与成功的机遇。

口才是一种能力，也是一种资本。放眼政坛或商界的风云人物，无一不是能言善辩的高手。前任美国总统奥巴马的口才就令全球人赞颂。

在竞选总统期间，奥巴马一次接受记者采访时，被问及平日穿什么内裤。在大庭广众之下被问及隐私，确实是一个不雅的问题，但不能说记者的素质低。美国总统竞选就是一场口才秀，竞选人经常被记者刁难，而刁难恰恰是试金石。奥巴马当然明白这一点，他镇定地说："我不会回答这种尴尬的问题。但是，不管我穿哪种我都穿得很好看。"窥一斑而知全豹，奥巴马的口才确实了不得。

面对提问，奥巴马不是锋芒毕露地指责对方提问不当，而是从个别人角度谈论这个问题，这种迂回、平等的讲话风格表现出奥巴马平易近人而不是咄咄逼人。也正是这样的能力，最终让奥巴马赢得了总统的选举。可见，好口才的魅力是多么强大。

古代有一位国王，一天晚上做了一个梦，梦见自己满嘴的牙都掉了。于是，他就找了两位解梦的人。国王问他们："为什么我会梦见自己满口的牙全掉了呢？"第一个解梦的人就说："皇上，梦的意思是，在你所有的亲属都死去以后，你才能死，一个都不剩"。皇上一听，龙颜大怒，杖打了他一百大棍。第二个解梦人说："至高无上的皇上，梦的意思是，您将是您所有亲属当中最长寿的一位呀"！皇上听了很高兴，便拿出了一百枚金币，赏给了第二位解梦的人。

同样的事情，同样的内容，为什么一个会挨打，另一个却受到嘉奖呢？因为挨打的人不会说话，受奖的人会说话。没有口才的人，有如发不出声音的留声机，虽然是在转动，却不使人感到兴趣。当今的社会是一个繁忙的社会，具有口才的人必然是社会中的活跃人，口才是一种技术，也是一种艺术。能干的大企业家，定要具备这样的技术。而律师、教师、演员、推销员等等都是侧重于口才的人。口才是人类生活中应用最普遍的技术或艺术。一个人的说话能力可以代表他的力量，口才好的人往往容易被人尊敬，而口才差的人容易被人渐渐遗忘。

因此，父母要从小就培养孩子的口才能力，让孩子的人生之路更顺畅。

第一，父母要创造让孩子说话的机会。父母要营造一个宽松愉悦的语言学习环境，让孩子在浓浓的语言学习氛围中发挥自己的语言天赋和潜力。对于孩子来说，他们语言能力的发展有赖于家庭环境。一个在良好语言环境中成长起来的孩子，一般都具有优秀的口才能力。前斯坦福大学心理学和教育学教授罗伯特赫斯博士就说："家庭语言环境可以直接影响孩子的思维能力。"事实也是如此，语言是思维的外衣，什么样的思维就会有什么样的语言表达方式。

第二，父母要注意自身的说话习惯。父母是孩子最早的、最愿意模仿的对象，是孩子口才学习的第一任教师。父母的一言一行都将深深影响到孩子的行为与说话形式。正因为如此，父母们在说话、做事时一定要为孩子做出表率。正如美国心理语言学家F.R施莱伯所言："要想知道你孩子将来的语言如何，就必须先研究你本人现在的言语。"如果父母在孩子面前粗话、脏话随便说，对孩子的身心健康和语言发展都会产生不良影响。为此，年轻的父母在孩子面前一定要注意自己的一言一行，万万不可粗心大意。

第三，父母要鼓励孩子多参加活动。可以说，生活是发展语言的源泉，丰富生活可以让孩子的语言内容更丰富起来，让孩子有话可说、愿意说。比如参加校内外的各项活动、观看演出、逛公园、爬山、到各地观光旅游等。活动之目的在于使孩子在五彩缤纷的实际生活中摄取大量的有价值的说话材料，寻到说话的源头。

灌输孩子与他人合作的意识

现在的家庭多是独生子女，他们缺乏和同龄人朝夕相处的机会，自然也缺乏和他人分享、协作的经验。这样的现状让很多父母感到担忧，因为现在社会分工如此精细，不会和别人相处，不会和别人合作，很难立足于社会。一个人是否具有团队精神、协作能力的高低，已经成为社会要求的素质。关于这一点，很多90后父母深有体会。有位90后父亲说，"我所从事的工作最重要的一个特点是合作，单枪匹马的结果只会是失败，而只有合作才能达到共赢。"

著名的欧洲心理分析家阿德勒认为："假使一个孩子未曾学会合作之道，他必定会走向孤僻之途，并产生牢固的自卑情绪，严重影响他一生的发展。"可见，孩子学会与人合作是多么重要。没有人能够独自成功，唱独角戏、当独行侠的往往是不能成大事的。俗话说，"双拳难敌四手""三个臭皮匠，顶个诸葛亮"。只有运用合力，善于合作，才有强大的力量。

两个流浪汉在路上蹒跚地前进，他们已经好几天粒米未进了，这时候，哪怕只有一口饭吃，他们都会感激涕零。

就在他们即将绝望的时候，一个头发花白的长者出现在他们面前。长者说："这里有一篓鲜活硕大的鱼和一根鱼竿，你们选择你们需要的东西吧"。两个流浪汉对于长者的恩赐不胜感激。他们其中，一个人选择了一根鱼竿，则另一个人选择了一篓鲜活硕大的鱼。

得到他们想要的东西以后，两个流浪汉分道而行了。

得到鱼的人在原地点起篝火煮起了鱼，他吃得狼吞虎咽，还没来得及品出鲜鱼的肉香，就连汤带鱼吃了个精光。不久他就饿死在这个空空的鱼篓旁了。

而另一个得到鱼竿的人，满怀心喜，忍着饥饿，跌跌撞撞地奔向了希望之海。他想：通过自己的努力会有取之不尽的鱼。然而，来到海边时，他已经精疲力竭了，听着海浪声，望着浪花飞溅的样子，他也带着无限的遗憾撒手而去了。

那个长者站在他们的尸体旁长长地叹了一口气："哎，为什么就不懂得一起吃完鱼，然后一起去钓鱼呢？"

故事里的两个流浪汉因为不懂得分享而最终命丧黄泉，实在是可惜。诚然，现在的很多孩子都缺乏合作意识，这是十分危险的。长期以来，人们已经适应了这个竞争的社会，在教育孩子的时候，有些父母教孩子要竞争，要取胜，要比同龄人强。在孩子还很小的时候，就告诉："幼儿园阿姨发水果，要挑个大的，别那么熊包。"等孩子上学了，父母又说："要有竞争意识，别的同学问你题目，不要告诉他，他会了就比你强了。""这是妈妈新给你买的参考书，可别借给其他同学看啊！"大家可以仔细想一想，这种教育孩子的方式，培养出来的不是自私的孩子还能是什么？要知道，未来社会是一个竞争与合作并存的社会，"学会交往""学会合作"是时代赋予人才的基本要求。只有能帮助别人、与人合作的人，才能获得生存空间；只有善于合作的人，才能赢得发展的机会。

合作是孩子未来发展、适应社会、立足社会的不可或缺的重要素质。因此，从小培养孩子的合作意识和合作能力是十分重要的。那么，如何培养孩子的合作意识和合作能力呢？

第一，父母要抛弃娇生惯养的作风。现在的家庭教育中，父母多以孩子为中心，盲目溺爱，处处护着孩子，事事让着孩子，样样满足孩子，仿佛孩子成了骄横的"小皇帝"，父母反而成了"奴才"，以至让孩子的想法里没有合作的意识。所以，培养孩子的合作意识，首先从孩子自立开始。

第二，激发孩子与同伴合作的愿望。父母可利用周末或节假日带孩子去游乐场、菜场、小吃店、商店等互相协调工作的地方。孩子一个人玩玩具的时候，父母可问孩子："你的汽车要加油吗？你的变形金刚会打仗吗"？激发孩子渴望与同伴合作的愿望，主动与同伴交往。

第三，创建和谐、互助合作的环境。家庭的环境创设，可以通过潜移默化的熏陶来教育孩子，是以隐性教育为主的教育法。它可以利用氛围塑造孩子的性格，具有极强的渗透性。家里人之间的互相关心、合作、帮助，其乐融融的景象对孩子的教育意义重大。

第四，教会孩子为别人着想。父母应教育孩子在活动时对同伴有礼貌，用别人喜欢的名字招呼他们。要与同伴互相谦让，友好相处，分享玩具、图书；对大家都喜欢的玩具不争抢，可以让别人玩一会儿，自己玩一会儿，大家"轮流玩"。这样，可以使孩子遇事想到别人，知道有了同伴，才能玩得更愉快。

常言道：孩子总不能跟父母一辈子。只有让孩子逐步适应外界环境，学会与同伴的交往合作，才能让孩子健康、活泼地成长并最终拥有强而有力的竞争力。

不要养成拖拖拉拉的恶习

明日复明日，

明日何其多。

我生待明日，

万事成蹉跎。

世人苦被明日累，

春去秋来老将至。

朝看水东流，

暮看日西坠。

百年明日能几何？

请君听我明日歌。

这首《明日歌》告诫人们要珍惜时间，今天的事情今天做，不要拖到明天，不要蹉跎岁月。诗歌的意思浅显，语言明白如话，说理通俗易懂，很有教育意义。

然而，只要仔细观察，就会发现，现在的很多孩子做事都磨磨蹭蹭、拖拖拉拉。今天的事往往不能今天完成，非要挺到明天，而明天又有明天，一天又一天……让我们来看看3年级学生小新的一天是怎样过的吧：

早上，小新慢吞吞起床，然后不紧不慢地穿上衣服、吃饭；好不容易到了学校，他也是慢吞吞地取出书本、拿出笔盒，丝毫没有时间观念；上课了，老师布置了课堂作业，别人认真听课很快就写完了，而他的速度还不及别人的一半，很快又到了下课该休息的时间了，于是，别人玩，他也玩，丝毫不着急。

终于放学了，课堂作业还没有完成，得带回去写呢。这下可好，课堂作业加上家庭作业，那可是双份的作业量呀。怎么完成呢？小新只好加班加点了。小新的家长不知缘故，就抱怨起老师布置的作业太多，而老师则责备家长没有教育好孩子。如是循环，小新的功课没学好，玩也没玩好，却要经常受到家长与老师的唠叨，于是乎，小新产生了厌学情绪。

孩子做事拖拉不仅仅是一种态度问题，更有一种病态、消极的心理因素。做事拖拉的人通常非要等到最后一刻才拼命抱佛脚。这样的做事习惯往往使工作、学习效果大打折扣，甚至因为无法在最后期限前完成指定的任务，而一次次失去成功的机会。可以说，拖拉的恶习是阻碍一个人成功的绊脚石。

在古老的原始森林，阳光明媚，鸟儿欢快地歌唱，辛勤的劳动。其中有一只寒号鸟，有着一身漂亮的羽毛和一副嘹亮的歌喉。他到处卖弄自己的羽毛和嗓子，看到别人辛勤劳动，反而嘲笑不已，好心的鸟儿提醒它说："快垒个窝吧，不然冬天来了怎么过呢？"

寒号鸟轻蔑地说："冬天还早呢，着急什么。趁着今天大好时□，尽情地玩吧。"

就这样，日复一日，冬天眨眼就到了。鸟儿们晚上躲在自己暖和的窝里安乐休息，而寒号鸟却在寒风里，冻得发抖，用美丽的歌喉悔恨过去，哀叫未来："冷冷冷，寒风冻死我，明天就垒窝。"

第二天，太阳出来了，万物苏醒了。沐浴在阳光中，寒号鸟好不得意，完全忘记了昨天的痛苦，又快乐地歌唱起来。

鸟儿又劝他："快垒个窝吧，不然晚上又要发抖了。"

寒号鸟嘲笑地说："不会享受的家伙。"

晚上又来临了，寒号鸟又重复着昨天晚上一样的故事。就这样重复了几个晚上，大雪突然降临，鸟儿们奇怪寒号鸟怎么不发出叫声了呢，太阳出来，大家寻找一看，寒号鸟早已被冻死了。

寒号鸟最终被冻死了，为什么？就是因为它有拖拉的习惯。同样，在人的一生中，今天是非常重要的。寄希望于明天的人，终将一事无成。只有那些懂得如何利用好今天的人，才会在今天创造明天的希望。

那么，父母如何改掉孩子拖拉的恶习呢？

第一，让孩子意识到拖拉恶习带来的危害。孩子做事拖拉，往往自己没有意识到，所以，父母应耐心地告诫孩子，拖拉会导致什么样恶劣的后果，对一个人的成长成才都是很不利的。孩子的接受能力一般都很强，只要父母有所强调，他就一定会以此诚勉。

第二，帮助孩子制定每日计划。为孩子制订每日计划，能有效地规范孩子的行为，帮助孩子有目的地完成当天的事情。如果孩子完成了当天的任务以后，一定要让他去玩、去闹，使孩子感受到完成任务的好处。同时，帮助孩子养成在规定时间内完成任务的良好习惯。要有意识地培养和训练孩子的意志，以增强孩子的自我控制能力，学会排除干扰，不为无关的外界刺激而分心，以至影响办事效率、妨碍正常工作。

第三，借助计时器，帮助孩子养成做事不拖拉的习惯。孩子年龄小，常以自我为中心，有时不按大人的意思去做。这时，不要训斥孩子，更不要帮孩子做，否则会剥夺孩子获得成功的机会。不妨保持一种豁达、宽容的心境，和孩子一起到商店挑选一个喜欢的计时器，然后每次做事前，让孩子自己选定合理的时间去完成。这样会大大调动孩子的积极性，提高孩子做事的速度，在不知不觉中孩子就养成了做事不拖拉的良好习惯。

有一种智慧叫自我反省

"金无赤金，人无完人。"世界上没有十全十美的人，每个人都会有这样或那样的缺点和不足。一个懂得自律的人应该经常检查自己，对自己的言行进行反思，纠正错误，改正缺点。这是严于律己的表现，是不断取得进步的重要方法和途径。

生活中，有的父母溺爱孩子，总试图包容孩子的一切；有的父母则严厉管教孩子，让孩子惧怕不已；有的父母则不闻不管孩子，让孩子"自生自灭"……凡此种种，孩子的天性只会就此而丧失。其实，父母要想教育好孩子，最根本的是要让孩子学会反省，这样，孩子才会真正成长起来。通过自我省悟、自我检查、自我剖析，孩子可以及时修正错误，不断地调整精神信息系统接收信号的灵敏度和准确度，以确保信息系统不出现紊乱。可以说，学会自我反省的孩子，就等于掌握了自我完善和健康成长的秘方。

甘郑是个性格高傲的孩子，不管出什么差错，从来都不想是不是自己的问题，而是总去责怪别人。

有一次，甘郑要在周末参加学校的奥林匹克数学比赛。他的数学成绩很棒，所以他对这次比赛充满了夺冠的信心。

周五晚上，甘郑像平常一样，放学回家后就去跟同学踢球了，然后看电视，读课外书，一直到 11 点才睡。周六早上，他每次都要 9 点多才起床的。结果，他第二天习惯性地睡到 9 点才醒。等他赶到学校的时候，考试已经开始了。由于迟到了快一个小时，考试成绩可想而知。

甘郑回家后非常沮丧，冲着妈妈大声叫嚷："妈妈，都怪你！你为什么没有早点叫我起床，这次考试全砸了"。

妈妈知道儿子总是责怪别人的毛病，觉得这是个帮助他改正的好机会。于是妈妈说："儿子，你明明知道周六要去参赛，为什么不早点睡？妈妈周六去加班的时候，有没有要求你来叫醒我？你总习惯别人提醒你做自己的事。但是，别人是不可能一辈子提醒你的，你要学会自己提醒自己，做错事后要反省自己的错误"。

听了妈妈的话，甘郑一下子愣住了，他从来没有想过问题会出在自己身上。可是妈妈的话字字在理，让他不得不承认，以前有些事情真的是做得不好。想一想，好多次真的是自己错了，却总是责怪别人，还那么理直气壮。

"妈妈，对不起，这次是我错了。以后我一定改正这个毛病，请您监督我吧！"

"孩子，妈妈相信你，只有你自己认识到自己的错误了，才说明你有改正的决心。必要的时候，妈妈也会帮助你的。"

从此以后，甘郑做错事再也不会随便责怪别人了，因为他学会了自我反省。

德国诗人海涅曾说过："反省是一面镜子，它能将我们的错误清清楚楚地照出来，使我们有改正的机会。"因此，无论是伟人还是普通的老百姓，都应该学会反省，并且经常自我反省，这对我们每个人来说都非常重要。故事中的甘郑从一开始时的推脱责任到后来学会自我反省，可以说，他的进步令人惊叹。这样的孩子，没有人会不喜欢。

培养孩子自我反省的能力，父母不妨借鉴以下几点：

第一，不要对孩子的错误横加指责。当孩子做错事时，父母不要一味地给予斥责，这样易引起孩子的反感，从而对父母产生抵触情绪，使孩子内在智力的发展受到限制。这时，父母可采用冷静的态度，从侧面引导孩子进行自我反省，明辨自己的过失。

第二，让孩子学会接受批评。要教会孩子反省，就得让孩子学会接受批评。如果一个人能坦然地接受批评，这对于他的成长将是有很大好处的。法国心理学家高顿教授通过一项专题研究证实，那些难以接受批评的孩子长大后，大多会对批评持"避而远之"或干脆"拒之门外"的态度。因此，父母应该让孩子在幼儿时期就学会接受批评，这不仅能够塑造孩子完整的人格，而且可以帮助孩子在其他方面取得成功。

第三，让孩子自己承担犯错的后果。孩子做错了事，许多父母常常替孩子去承担犯错的后果，使孩子觉得做错了也没关系，从而丧失责任心，不利于培养其自我反省的能力，更严重的是，使孩子以后容易再犯类似的错误。所以，父母应该让孩子自己去承担犯错的后果，让孩子明白：一旦犯错，将会造成不良甚至严重的后果。

第四，重视负面道德情感的良好效应。给孩子灌输正直、善良、勇敢等正面道德情感，可塑造其美好的心灵；而让孩子体验羞愧、内疚等负面道德情感也会使其受益匪浅。而且，羞愧、内疚等负面道德情感与正面情感相比，更能在孩子的心中留下深刻的记忆，促使他不断自我反省，区分好坏、是非、对错和美丑，从而改正错误。

总之，一个盲目自大、自以为是的人一辈子都会走冤枉路，因为他看不到自身的短处，不知道针对不足寻找正确的途径，所以到头来只能是"瞎忙活"。从孩子的角度出发，养成随时反省自己的习惯是非常必要的。

摒弃孩子心浮气躁的毛病

心浮气躁是成功、幸福和快乐的最大敌人。它潜伏在我们的心灵深处，是一种负面能量，经常让我们莫名地感到茫然不安，心灵无法平静。孟子说："螃蟹浮躁，寄人篱下。"依据此理，人若浮躁，则无处容身；学习浮躁，则学无所成。

与心浮气躁相对的是踏实，而培养孩子将踏实作为一种本能的习惯，能让孩子摒弃浮躁、一步一个脚印、认认真真地做好自己的事情。这样的习惯，是对成功的一种有效累积。

可以说，在这个越来越趋于浮躁的社会里，心浮气躁成了一种社会通病。而现在的孩子都生活在一个五彩缤纷的世界里，各种新奇的东西，多如牛毛，孩子很容易被吸引而分散了注意力，对于学习当然也就不能专心致志、全神贯注，因而出现了"坐着这头望那头"的心浮气躁现象。比如，有的孩子看到歌星挣大钱，就想当歌星；看到企业家、经理神气，又想当企业家、经理……但又不愿为了实现自己的理想努力学习。还有的孩子兴趣爱好转换太快，干什么事都没有常性，今天学绘画，明天学电脑，三天打鱼两天晒网，忽冷忽热，最终一事无成。

在一个初秋的傍晚，有一只蝴蝶从窗户飞进来，在房间里一圈又一圈地飞舞，不停地拍打着翅膀，看起来十分惊慌失措。显然，它迷了路。

蝴蝶左冲右撞地努力了好多次，都没能飞出房子。

这只蝴蝶之所以无法从原路出去，原因就在于它总是往房间顶部的那点空间寻找出路，没想过要往低处飞一点，因为，对外的窗户就在低一点的地方，甚至有好几次，它已经飞到离窗户顶部最多两三寸的位置。

最终，这只不肯飞低一些的蝴蝶耗尽了体力，奄奄一息地跌落在桌上，像一片毫无生气的叶子。

低飞的蝴蝶才能飞出窗外。目标稍微往下调整一些，脚步稍微踏实一点，眼前定会海阔天空、风光无限。但是，在现实生活中，有很多人总是认为自己比谁的能耐都大，没有自己做不到的事，然而只要一遇到困难的时候，就又马上改变主意，从来不肯脚踏实地地去完成一件事，这样的情况，发生在孩子身上还少吗？

啄木鸟和喜鹊是同样以虫为主食的鸟类，它们居住同一片森林里，在同一个树林里觅食。

啄木鸟总是默默地、一声不响地细心寻觅，一旦发现生病的树，就停下来心无旁骛地搜寻，直到发现虫子为止。而喜鹊却总是叽叽喳喳地叫个不停，它一天到晚，总是从这棵树飞往那棵树，总是喜欢东找找、西看看，因此连一条虫子都找不到。

到了晚上，啄木鸟因为专一收获了很多虫子，它不但自己吃饱了还喂给了宝宝吃。而喜鹊呢，一整天老是这里跑跑，那里逛逛，最终只能饿着肚皮回家去。

这就是脚踏实地与心浮气躁的两种截然不同的结果，啄木鸟做事踏实而生活丰足，喜鹊因浮躁的个性而不得不忍受饥饿。"简单的事做好了就不简单，平凡的事做好了就不平凡"，这就是成功与幸福人生的法则，也是对心浮气躁的孩子的告诫。

在现实中，父母如何培养孩子养成做事情踏实、严谨认真的习惯呢？

第一，教育孩子立大志。俄国伟大作家托尔斯泰说过："理想是指路的明灯。没有理想，就没有坚定的方向；没有方向，就没有生活"。父母只有帮助孩子树立远大的理想，才能使孩子明确生活的目的和对崇高理想的追求、具有对生活和学习的高度责任感，这对防止孩子浮躁心理的滋生和蔓延，培养孩子踏实、认真做事的习惯十分有利。

第二，要求孩子做事三思而后定。父母应要求孩子做事情要先思考后行动。比如明天要上什么课，先看看课程表，整理出相对应的书本与作业才睡觉等。父母要引导孩子在做事之前，经常问自己这样一些问题："为什么做？希望有什么结果？怎么做才能做好？"并要具体回答，写在纸上，使目的明确，言行、手段具体化。

第三，要求孩子做事情有始有终。不焦躁，不虚浮，踏踏实实做每一件事，一次做不成的事情就让孩子学会一点一点分开做。积少成多，积沙成塔，累积的最后即可达到目标。

第四，用榜样教育孩子。身教重于言教。首先父母要调适自己的心理，改掉浮躁的毛病，为孩子树立勤奋努力、脚踏实地工作的良好形象，以自己的言行去影响孩子。其次，鼓励孩子用榜样，例如科学家、发明家、文艺作品中的优秀人物等一类人的优良品质来对照检查自己，督促自己改掉做事情浮躁、不认真的毛病。

第五，放手让孩子自己做事情。经过父母的教育和引导以后，父母还应该放手让孩子去完成自己的事情。孩子没有做好，就只能自己去承担没有做好事情的不良后果，让孩子从中吸取经验教训。

总之，做事情不踏实、浮躁是一种毛病，会影响到孩子的心理健康乃至人生价值取向，作为父母，一定要帮助孩子克服这一毛病。

第五章　允许孩子输在起跑线上

孩子的教育不是短期教育，而应该是终身教育。因此，与之相对应的一个最简单的例子就是长跑。据观察，通常赢在起跑线上的，很难在终点撞线！所以，请容忍孩子输在起跑线上。输在起跑线上，能赢得人生，赢在起跑线上，能输掉人生。欲将取之必先予之是大智慧。

慢慢地把孩子养大

近年来，逐渐有专家开始提出"慢速培养孩子"的观点。这也就是说，希望把孩子培养成才的父母必须具备的一个条件就是：凡事不能操之过急，要懂得等待。要知道，当今社会，不少孩子已为"尽快"成长付出了惨重的代价。而90后，大概就已经历过，或是目睹身边发生过类似的事情。

A去远方，把他在山中的庭院交给朋友B留守。A是个勤快人，把院子里的杂草除得干干净净，而B却有些懒，除了偶尔扫一下落叶，那些杂草却不去拔。初春院子里冒出了几簇草，后来长出几株腊兰，据说，腊兰一棵至少值万余元。A很吃惊，叹息说："我几乎毁掉了一种奇花啊，如果我能耐心地等那些杂草长大，看看它们是什么，那么几年前我就能发现腊兰了。"

是的，我们总是盲目拔掉那些还没来得及开花的野草，没有给予它们开花证明自己价值的机会，使许多原本珍奇的"腊兰"与我们失之交臂。

孩子的成长和庄稼、花草一样，有自己的生长周期、成才规律，不能拔苗助长，不能跟风、攀比，"不能让孩子输在起跑线上"其实是一个很片面、有些急功近利的口号。给每一棵草开花的时间，给每一个孩子证明自己价值的机会，不要盲目地拔掉任何一棵草。

教育孩子要等待"花期"，教育的过程实质就是寻找最恰当教育方法和最恰当教育时机的过程。孩子和那些"破土而出的草芽"一样，在心理、生理上都是稚嫩的、富于变化的、很不稳定的。耐心地保护、尊重孩子的人格和自尊，静静地看他们证明自我、展示自我，这样可以帮助孩子更好地发现自我价值，充分调动他们主动成长的内在动力，充分实现自我价值，这才是家教成功的秘诀。

父母"慢养"孩子，就是要支持与包容孩子。

石东念小学六年级，有一天，他突然告诉父母，他迷上了潜水。那时，他还不到培训班规定的潜水年龄，不过，他自己跟教练不断沟通，坚持自己想学，教练在测试他的反应后才终于答应下来，这时，父母也决定支持他。潜水课程必须要有潜水衣、背氧气筒、戴头盔的全身装备，凌晨四五点，天还没亮就要开船出海练习，父母每天早上摸黑、在睡眠不足的情况下载着他到教练海边的办公室，教练先教孩子在海底时用来求救、沟通往上、往下等各种手势，然后才正式下水。石东后来告诉父母，其实当他在海上准备要潜水时，心理还是有些害怕，但一想到父母如此支持他参加潜水，他一下子就来了勇气。

总之，父母是孩子的守护神，是孩子的辩护律师、是孩子心中不灭的灯，父母的支持和包容对孩子至关重要。正因为有了这种支持和包容，孩子才不会在漫长的成长过程中"掉队"，走上"歧路"。因此，父母一定要做到下面几点：

第一，支持孩子伟大的梦想。支持孩子的梦想，即使你认为它是天方夜谭。因为孩子是属于未来的，敢于梦想，就是迈向梦想的第一步。父母要支持并引导孩子找到通向梦想的大门，并勇敢地推开它，而不是以怀疑、嘲笑、否定的态度对待它，这样也许会扼杀一个未来的科学家、艺术家或实业家。

第二，支持孩子的爱好。孩子的爱好是他们智慧的闪光和创造力的萌芽。父母应该引导、尊重、支持孩子的爱好，以使孩子的综合素质得到全面发展。父母可引导孩子将爱好与课本学习结合起来，扩展孩子思维的深度和灵活性，还可由爱好入手，发现孩子的优势，鼓励孩子树立起远大的人生理想。父母不能只顾孩子的学习成绩和分数，抹杀孩子的个性和优点，使孩子长大后沦为一个平庸无能的人。

第三，容忍孩子犯错。错误是一个人成长必须付出的代价。孩子只有犯过错之后，才能真正明白为什么不能那么做。老话常说，"耳听为虚、眼见为实"，亲身经历比眼见的作用又大了很多。犯一些小错的孩子将来在社会上往往能够取得成就。因为当害怕犯错误时，许多孩子就会停止尝试。没有尝试，怎会成长、怎能进步？所以，做父母的要包容孩子的错误。

第四，包容孩子的部分缺点。每个孩子的能力都是不同的，他们总会在一些方面有不足甚至是缺陷。这时候，如果连父母都看不起他们，甚至嘲笑他们，那孩子会更加自卑，甚至自暴自弃，从而毁了孩子的一生。所以，包容孩子的不完美就要包容孩子的缺点。要正确对待孩子的缺点、短处甚至是身体的缺陷。通过宽容孩子的缺点，可以帮助孩子克服缺点、弥补缺陷，从而健康地成长。

父母的支持与包容是大地，让孩子感受爱的坚实；父母的支持与包容是海洋，让孩子沐浴爱的波浪；父母的支持与包容是助推器，让孩子飞向无量的前程。有了这种支持与包容，孩子就可以在生命的岁月中慢慢成长。

教育只怕停不怕慢

14 岁的小达是重庆人，父母离异，他从小跟母亲生活在一起，主要由外婆照顾。上小学 6 年级的时候，他就不想上学了，然后接触影视暴力，对一些打打杀杀的场面津津乐道。上初一后，他曾离家出走，但让他感到"庆幸"的是，回家后母亲并没有责怪他。小达说，半月后，他偷走母亲 3000 块钱再次离家出走。母亲随后报案，小达被警察找到。

"我有暴力倾向，经常打架进派出所，最多时一月被派出所抓了 15 次，每次警察叔叔教育我，我发誓一定要改，但我根本没有实际行动，我不知道是不是缺少管教的原因，我控制不了自己。"小达诉苦说："从小到大，我妈忙，基本上都不管我。我就一直按照自己的想法做事。"

小达最后走向犯罪的深渊，与家长对他的"无为"教育有直接的关系。当前，很多家长面对不听话的孩子，要么严加管教，要么放任自流，这都是不科学的做法。特别是放弃对孩子的教育，这是家长失职的体现。正所谓教育怕停不怕慢。管教孩子是一项长期的工程，只有经过时间的沉淀，效果才会显现出来。

教育孩子是父母的责任，父母没能教育好孩子是父母没有尽到责任。一般来说，当孩子呱呱坠地时，每个孩子都是一样的。孩子之所以后来形成了不同的脾气和性格，与父母对孩子的后天教育有着很大的关系。所以，孩子好也罢、差也罢，都是父母生产出来的"产品"。尽管这种"产品"是父母的先天加工和后天培养出来的，但与一般的产品又不同。一般的产品如果不合格，可以将它重新回炉熔化、锤炼、锻造，但孩子是不可以重新塑造的。父母没有能很好地履行自己的职责，生产出不合格的"产品"，这本身就是父母的错。那么，如果父母因为管不好自己的孩子，而对这些孩子置之不理，那么也就意味着将这些孩子推向社会。我们可以想象一下，一个品质很差、能力很弱、脾气很差的孩子走上社会后，他又能对社会产生多少有益的作用呢？所以，父母不能以这种逃避责任的方式，简单地将孩子推向社会，否则，父母的这种行为将会是错上加错。以一个工厂来说，哪个工人生产出了次品，就应当由这个工人来承担相应的责任，例如重新加工、扣除奖金甚至是扣除工资。那么，如果教育出一个不好的孩子，父母肯定也应当承担相应的责任。所以，如果父母在教育不好自己的孩子的情况下，放弃对这些孩子的教育肯定也是不对的。

一位母亲对老师说："我教孩子识字'书书！'孩子则顽皮地说：'不是书，是屁屁！'"接着，母亲又教了几遍，软的硬的都用过了，怎么也解决不了问题，气得母亲打了孩子两巴掌。结果以孩子的号啕大哭宣布教育结束。

孩子的父母常常惋惜、失望，感叹地说："唉！我那孩子天生不是那块料，咋教也不行！算了，不管他了，反正到年龄也该上学了，上学时再去学吧……"

就这样，这对父母轻易地放弃了对孩子的学前教育。

法国学者爱尔维修曾说过："即使是普通的孩子，只要教育得法，也会成为不凡的人。"做父母的请不要责备孩子不愿学，也不要轻易放弃对孩子的教育，而应当多想想自己的教育方法有哪些不当，效果为什么不好，针对自己的孩子，应当找出怎样恰当的教育方法，怎样才能把孩子教好。

这是一位班主任的工作总结：

我曾为一个叫明明的小孩子苦恼过。从二年级开始，他就在我任教的班级里，当时学乘法口诀，两周后，除了他全班的同学都背得烂熟，于是他引起了我的注意。课堂上他的小动作很多，不时地走走神，我就利用一切机会来提问他，可是他站起来，多数情况下是回答不上来的。智商有问题？我想到了这个，可是也不像呀！这可是个下课后疯得不得了的孩子。于是我和家长联系，他妈妈流着泪带他去大医院看了，也没有办法。怎么办呢，我陷入了沉思：放弃？帮助？我是个没有耐性的人，提问了他一阵后，因为总是在浪费时间，于是提问次数不再那么多了。可是，他妈妈找我来了："老师，明明最近表现怎么样呀？"我的心突然疼得厉害："后进生也许就是放弃的结果！"从此，我的课上，我多数情况下是站在他的身边讲课，下课后及时提醒他为下节课做准备。效果慢慢有了，他的数学成绩上来了。可是这时候我却要休产假了，等我回来后，孩子上课的习惯几乎又回到了从前。

三年级合班后，40个人的班级良莠不齐，像明明一样的孩子多起来，怎么办呀？除了小组长的帮助，每周日我就锁定两个下周特别照顾的目标，每天来上班的路上都想着今天该如何做才能让孩子注意力更集中……一段时间下来，我思路更清晰了，孩子们的表现也好了。看到他们的进步，我心里高兴极了。

可见，家长教育孩子千万不能选择放弃，如果放弃，就意味着孩子将会失去管理，这是很不负责任的行为。教育孩子是一门很深的学问，帮助孩子树立正确的人生目标、把孩子教育好是每个家长应尽的义务。自然，这一过程是艰巨的，但即便如此，家长对孩子的教育宁可慢下来也不可停下来。

不是每个孩子都是天才

有位90后，是家里的独生子，父母对他的管教十分严格、对他的要求也十分高。从小就给他制订了一系列的"天才"培训计划，结果，他不但没有考上大学，即便连高中都没有毕业就走出了校门，成了社会上的无业人员。如今，他结婚并有了自己的孩子，为了不让孩子重蹈自己覆辙，他竟仿效起自己的父母来，为孩子制订了更"完美"、更"伟大"的"天才"培训计划。

诚然，今天的 90 后父母都会在孩子身上寄予自己的希望。不是提倡生一个孩子吗？那我的孩子为什么不是一个天才、全才呢？

在这些父母的心目中，孩子被定格为这样的一个人：既英俊，又富态；既是一个出色的田径健将，又能一年赚上百万；既是一个说话风趣的人，又是一个讲究美食与生活享受的人；既是一个慈善家、政治家、战士，又是一个探险家……但是，这些都是根本不可能的，在生命的开端，这些截然不同的角色也许会被设想为具有相同的可能性。然而，要让任何一个角色成为现实，其余的或多或少都必须受到压抑。因此，父母在对孩子过高期望的同时，伴随而至的必然是深深的失落。

德国洛赫村牧师威特的儿子卡尔·威特，3 岁半认字，6 岁学外语，八九岁就能自由地运用英、德、法、意、拉丁和希腊语，通晓动物学、植物学、物理学、化学，尤其擅长数学，9 岁考入了大学，13 岁提出数学论文而被授予哲学博士学位，16 岁获得法学博士学位，并被任命为柏林大学的法学教授。还未到任，他又接受普鲁士国王的赏金去意大利留学。在佛兰茨逗留时，无意中开始了但丁的研究，后来竟成为世界但丁研究的权威。他 20 岁时回国，翌年开始在格拉斯哥大学讲学，34 岁转到哈雷大学，在有口皆碑的赞扬声中，一直讲学到 83 岁的高龄才逝世。

对于卡尔·威特史诗般的一生，人们无疑会认为他是一位天才。但他的父亲老威特却全然不这样看，他老实交代：这位"天才"，完全是自己"无为"教育的结果。他没有刻意地要求卡尔·威特成为一个"天才"，甚至，他从来没有给过卡尔·威特任何的压力。

对于老威特的说辞，有人提出"对于孩子来说，最重要的是天赋而不是教育。教育家无论怎样拼命施教，其作用也是有限的"的观点，这时，老威特说："儿子能取得这样的成绩，完全是他个人勤奋努力的结果。"

据说，世界上所有的人中，只有5%的人是高智商，相应的，有5%的人处于之上偏低，而大多数人是普通的。卡尔·威特被认为是"天才"，但实际上，和大部分人一样，他很平凡，只是，由于家长从小给予他适合成长的土壤而已。

这是一位母亲写给孩子的信：

儿子：当我意识到你并不是天才时，坦白地讲，我是有些失落的。可是，做一个天才就真的那么好吗？

妈妈静下心来重新思考着"天才"这个问题。为什么所有的父母都期望自己的孩子是天才呢？这个问题我无法替代所有的父母回答。可从我自己来说，首先是因为小小的虚荣心。还因为，从我们的角度看，聪明的人更加接近成功，我多么希望将来你是成功的人！当我跳出自己的视野，我发现自己是多么的狭隘与虚荣。当别的父母因为你某方面的超常表现发出赞叹时，我的那种愉悦无与伦比。可是，孩子，你的聪明决不应该只是满足我的虚荣。你的聪明最大意义在于你可以从生活中体会快乐。于是，我不再强求你的聪明，生命的孕育和成长应该是自然而轻松。豁然开朗之后，我开始以平常心观察你。就像美学家说的，没有一个人是不美的，因为每个人都有别人所没有的独一无二的特点，这个特点就是最美的。

总之，并不是每个孩子都是天才，父母要正视自己的孩子，提供给孩子健康、快乐成长的机会。同时要明白，成功的道路千万条，不要把自己的意愿强加给孩子，以免增加孩子负担。孩子可以走他自己想走的路，只要孩子感到满足，家庭教育就是成功的。

因此，父母应该这样做：

第一，尊重孩子的独立性。随着孩子一天天长大，他们会逐渐形成独立的意识，所以，父母要尊重孩子的独立性，让孩子充分地发展，而不是被父母限制在已为他们设计好的框子里。不然，他们也会像自己的父母一样，在补偿父母遗憾的同时，留下自己的遗憾。

第二，不要给孩子过多的压力。父母在尊重孩子理想和追求的时候，还要注意一些问题：不要在孩子建立理想的初期就给孩子太多的压力和警示，这样做很可能就会打击了孩子的积极性，让孩子轻易放弃自己的想法。

第三，善待孩子的理想。对孩子的理想，父母采取不理不睬或者拔苗助长的做法都是错误的。如果父母用这样的态度来对待孩子的理想之苗，那么，也许孩子永远也不可能树立稳固理想。正确的做法是鼓励孩子树立理想，并为理想而努力。父母对孩子的理想之苗，要一点点地培养扶持，要细心浇灌滋润。

不要夺走孩子的幸福

今天的孩子幸福吗？

谈起这个问题，父母们通常会说，现在的孩子就像在蜜罐里长大的一样，几乎要什么有什么，还能不幸福吗？可是，实际的答案是，孩子们的感受恰恰相反，他们中感觉自己不幸福的还真不在少数。

这是一节名为"我的幸福"的主题课，由一个刚刚参加完培训的老师上的。她说："同学们，现在我们每个人都被家人当作宝贝，每个人周围都有爸爸、妈妈、爷爷、奶奶爱着我们；在物质上，我们要什么就有什么；星期天可以游泳，放假了还可以旅游……那么，在这样的生活状态里，我们一定感到很幸福了……"

话音未落，孩子们齐声回答："老师——，我们不——幸——福!"

这个回答太让人意外了。那个老师非常尴尬，愣在那儿了。这也不能怪她，因为过于年轻，她不知道现在的孩子到底处于一种什么样的境地。

她以为孩子没听明白，还想继续引导。她说："老师小时候就不如你们了，因为经济方面的原因，连糖都吃不上。所以，老师那时候所向往的最幸福的事就是能够拥有很多很多的糖，一房子糖，甚至一间用糖做成的房子，连书桌、椅子、床、枕头也是用糖做成的，这样，当我想吃糖的时候呢，伸出舌头随便在哪儿舔一下就可以了。"

孩子们一听，全都大笑起来，说老师你真傻，太傻了，你怎么会喜欢吃糖呢？还把拥有糖当作最幸福的事儿？

这一下，那个老师彻底懵了，她不明白这些孩子为什么会是这样。脸腾地红了，手脚都不知道往哪儿放。好半天才反应过来，她就问："那你们向往的幸福是什么呢？"

这一问全班一下子活了，全都举起手来，其中一个 10 岁的男孩，在文化课学习方面是年级第一，他站起来说："老师，我的幸福是星期六、星期天的早晨可以躺在床上睡懒觉。"另一个女孩等不及了，抢着喊："我的幸福是放长假，到沙滩上去玩。"这时，大家的讨论更热闹了，孩子们渴望的幸福五花八门：买一大堆零嘴坐在床上吃；爸爸妈妈不要老是叨叨；学校老师少留点家庭作业；他们家买的彩票得了大奖；他的床放在百货大楼里，一边是书架，一边是游泳池……孩子们太渴望幸福了，但是这样的幸福更让那个老师感到吃惊。

有位教育专家戏称："傻孩子""笨家长""苦老师"越来越多，似乎谁也不幸福。学习负担的加重让孩子过早失去了本应有的幸福时光，除了学习，孩子和父母的生活没有了别的主题。最终，父母培养出的孩子可能会成了物质上的富翁、精神上的贫民、幸福指数上的乞丐、价值观上的糊涂虫。

当今，社会财富迅速增加，但人们的幸福指数并没有随财富的增加而增加，反而降低了许多。这一现象尤其在孩子身上体现得更为明显，而抑郁症等各种心理障碍的低龄化，就正说明了这一问题，认真分析，原因大概有以下几个方面。

第一，父母错误价值观的引导。传统文化中，把享受看得比较单一，认为有钱了，吃好、穿好、住好就是享受，尤其把这一观念加在孩子身上，对孩子的影响较大。

第二，社会不良风气的影响。当今社会，物欲横流，饭店、服装店、化妆品店生意火爆，相比之下，书店等地却显得冷冷清清，在学校很多孩子之间相互攀比，追求物质享受。过多的物质满足，使孩子沉溺其中，失去了前进的动力。父母逼迫孩子读书学习，不是为提高孩子的文化素养和道德品质，只是功利性地为获得以后的物质回报。

第三，不良的家庭氛围使孩子形成的虚荣、攀比心理。一是一些家长不能营造轻松、和谐的家庭氛围；二是父母喜好虚荣，乐于攀比，对孩子产生较大不良影响。

第四，没有给孩子真正想要的。有的父母认为只要满足了孩子的物质需求，其他就无所谓了，以致不关心孩子的心理需要。父母的事无巨细、事必躬亲封杀了孩子的成长空间，剥夺了孩子体验成功的快乐与权利。

第五，亲子之间沟通少或沟通方式不合适。在有的家庭，孩子对父母不信任，甚至有敌意，这就造成了孩子不能及时把自己的真实想法反馈给父母，而父母则不能掌握孩子的真实感受。

父母是孩子最亲密的人，父母不应夺走孩子的幸福，不管是有意的还是无意的，父母都应尊重孩子的生活，把幸福还给孩子。有父母感叹，如何才能给孩子幸福呢？其实，给孩子幸福的方法很简单，只要参照以上的条项，一点一点给予纠正就可以了。

幸福，不是你送孩子的芭比；幸福，不是你给孩子买的最新动画片；幸福，也不是你给孩子的一柜子衣服。幸福是一种满足，但真正的幸福有着深刻的内容，它能给予孩子精神与世界融合的感受，这将是孩子一生受用的财富。

别给孩子过高期望值

希望自己的孩子将来能成为一个优秀的人才，能够成为社会的栋梁，这是普天下所有父母的眷眷之心。

关键的问题是，怎样望子成才？有的父母把望子成才变成"令子成才""逼子成才"。按理说，望子成才的前提是尊重孩子，在此前提下，对孩子加以诱导、劝说、帮助、鼓励、监督，这才是应当采取的正确态度。可是有的父母不顾任何条件瞎指挥，把自己的主观愿望强加给孩子，让孩子完全按照自己的指令去做，颇似皇帝下圣旨之势。

每个孩子都将通过学习生活技能和行为规范参与社会活动，由"自然人"变成"社会人"。那么，家庭是孩子成长的摇篮，人的社会化始于家庭。所谓社会化，是个体由自然人成长、发展为社会人的过程，是个体同他人交往，接受社会影响，学习掌握社会角色和行为规范，形成适应社会环境的人格、社会心理、行为方式和生活技能的过程。因此父母采取怎样的教养方式，直接关系到孩子最初的社会化水平。孩子的社会化水平越高，适应社会的能力越强，成才的概率越大。每个孩子的个性是不同的，父母要学会因材施教。

有这样一个富裕家庭的孩子，他的父母都是 20 世纪 80 年代生人，并且都是名牌大学毕业生，他们对自己独子的教育格外重视。根据母亲的安排，这个孩子从 4 岁时起就开始在知名的英文幼儿园上学，然而，他的英语学习还没开始多久，就出现了不少问题。他会无缘无故地殴打和他一块儿学习的孩子，还躺在幼儿园的门口不起来，撒泼耍赖。

焦急的母亲跑到附近的儿童问题咨询所，医生给孩子做了智商测试，结果孩子的智商只有 80。她的孩子连说话都要比别的孩子慢，可是她本人竟然不知道。

在对孩子进行了仔细认真的观察之后，心理专家发现他的实际智力并不像智商测试结果显示的那么低。孩子的智商检测结果之所以低，并不是因为他不会回答测试问题，而是因为他对智商测试本身就拒绝合作。那么，到底是什么导致了这样的结果呢？

原来，这个孩子非常讨厌上这个英语幼儿园。虽然根据妈妈和老师们的要求，不得不背那些枯燥无味的英语单词，可是他本人并不喜欢。结果英语学习的负担和压力使孩子丧失了对生活的自信心。这种心理通过殴打幼儿园的其他孩子或拒绝上学这样的行为表现了出来。随着对学习的反感和排斥，在潜意识中他对智商检查这样简单的测试也产生了排斥心理，最终导致他对整个检测拒绝合作。

这个孩子的"问题"让人感到非常痛心，其实，孩子本来不可能有任何问题，可是因为母亲过高的期待和强迫患上了心理上的疾病。如果一个孩子仅仅是身体不适，或染上了什么生理上的疾病，那么，随着时间的流逝，一般是可以被治愈的。可是，一旦他们的心灵受到了创伤的话，要想治愈就非常不易了。

有个居委会对 500 户家庭的调查表明：85% 的家庭对孩子的要求是学习好，将来比自己有出息；在被调查的中小学生中，一半以上的孩子认为父母总是对自己的学习成绩不满意，近 40% 的学生诉说自己处在一种"一直不断努力，却总是达不到目标"的状态，为此，他们心中产生强烈的内疚感和焦虑感。近一半的孩子"常常感到对不起父母"，并"一想到考不上重点中学，心里就害怕"。有的孩子甚至出现做噩梦、难以集中注意力等病理反应。小小年纪竟然有 21% 的孩子称"我感到活得累"。其实，相当一部分学生未来的理想仅仅是过上一种没有烦恼、没有束缚、没有压力、无拘无束的生活。

无论是在学业上还是在生活上，父母给孩子过高的期望值，让孩子在不适当的年龄下，通过不适当的方式做出超过他们身心发展的事情，这实则是在害孩子。

第一，会造成无效学习。孩子在填鸭式的教育下，可以学会弹钢琴，认得一些字，然而孩子不见得理解那些字所代表的含义，或并未学习到音乐的节奏感。

第二，会造成情绪障碍。太多的学习压力或挫折，会使孩子特别容易紧张、担忧，没有信心，尤其是当孩子一旦对学习产生了厌倦感，再进一步学习，就会产生心理障碍。严重的还可能产生"强迫症"。

第三，会损害人格发展。儿童期正是孩子发展信任、自主、进取、勤奋等人格的时期。在这个时期，催促孩子去做超过他们身心发展和能力的事情，会使他们产生过多的不信任感、羞愧、内疚、自卑和无能感。同时，由于孩子感到所学习的东西太难了，需要依赖父母教才会，并且自己往往不如成人做得好，久而久之，就会使孩子过分依赖父母的指导，从而损害孩子正在萌生的自主感。

第四，会损害亲子关系。当父母不断催促、强迫孩子去学习时，亲子关系会变得很紧张，容易产生冲突。

总之，父母因期望过高而给孩子施加的压力所造成的后果是非常严重的。父母应该善待孩子，不要给孩子提出过高的要求，不要施加过大的压力。尤其要善待那些为了获得父母的爱而不断努力，却又不能一下子甚至始终不能达到父母要求的孩子。父母应该理解孩子已经承担了巨大的社会压力和心理压力，从精神上给孩子爱和支持，还孩子一个平凡人过平凡人生活的权利。

成长比成功更加重要

培养孩子的宗旨是什么？太多太多的生活事例给了我们答案："孩子应该先成人后成才。"成人是指培养孩子健全的人格，有一个良好的社会适应能力。孩子在社会上是个独立的个体，在社会上不依靠父母能够独立地生存，真正做一个对社会有意义的人，这才是教育的目标。

素质教育在我国呼吁了许多年，然而，什么是真正的素质教育，有些人还是没有理解，他们认为，跑跑跳跳、写写画画或弹弹唱唱就是对学生进行素质教育。其实，这是对素质教育的肤浅之见甚至是曲解。它实际上只注重了素质教育的一些外在形式，而忽略了其最本质的东西——对孩子健全人格的培养。

研究表明，0~6岁是人格形成的黄金时期，人格健全与否此时便显露雏形。以后随着年龄的增长，人格的可塑性会越来越小。苏联教育学家马卡边柯也非常强调幼儿时期的人格培养，他认为："主要的教育基础是在5岁以前奠定的，而在此期间的人格教育将影响一个人的一生。"我国有句俗语"3岁看大，7岁看老"说的也是这个道理。因此，健全人格的培养应从孩子小的时候抓起。

教育的核心应该是先成人然后才能成才。望子成龙、望女成凤没有错，但没有做人这个基础，即使是龙凤也飞不起来。成功等于80%的情商（EQ）加20%的智商（IQ）。21世纪的孩子不仅要学会生存，而且要学会关心人、爱护人、团结人，不仅要具有开拓的竞争精神，而且要善于与人合作。拥有较多物质财富和考取好大学不一定就能拥有幸福快乐的人生。

然而，中国家长从来没有像现在这样重视孩子的学习成绩及各种技能的提高。但同样也毫不夸张地说，中国的家长从来没有像现在这样忽视孩子的情感与道德的培养。研究表明，独生子女常患有较多的心理问题，比如，任性娇气、脾气暴躁、侵犯霸占、独立性及社会交往能力差等。当今独生子女教育表现为：重身体轻心理、重知识轻能力、重智力开发轻视人格培养。

著名教育家陶行知先生早就告诫过父母们："不要让孩子成为人上人，不要让孩子成为人下人，也不要让孩子成为人外人，要让孩子成为人中人。"这里的"人中人"就是平常人，就是心地平和，能与人和谐相处的心理健康的人。

所以，父母要明白，孩子的健康成长比事业成功更重要，父母要为孩子的未来做铺垫。

第一，父母以平常心对待孩子。父母应该知道，"平常心"不是与世无争，无所事事，更不意味着不求上进。平常心，不过是我们在日常生活中看待问题、解决问题的一种心态。拥有"平常心"反而能让孩子在一个平稳地期望值下更容易获得成绩。

第二，让孩子学会以平常心对人对己。要做到一颗平常心对人对己，需要让孩子经常调整自己的心态，不要管得太多，也不要想得太多，走自己的路，不要计较别人说什么。遇事要冷静，忌冲动，看淡得与失，看淡功名利禄。这样，你的孩子在很多情况下反而会发挥得更好。

第三，学会等待。一些家长有这样一种心理，自己说一句话，希望孩子马上就言听计从；自己提出一个目标，希望孩子一下子就能达到。可是我们不要忘了，孩子就是孩子，他的心智和能力并没有发展到那么成熟的地步，一些事情他可能还没有理解，一些事情他可能还不知道怎么去做，一些事情他可能还会常常出错。因此，做父母的必须要学会等待，要克制住自己的急躁情绪，给孩子一定的时间去转变，允许孩子有所反复。孩子的成长是需要一个过程的，不管是生活自理能力的提高，良好习惯的养成，还是文化知识的积累，都需要时间的历练，而且这个时间不会因为有父母的唠叨就会缩短。

第四，给孩子显示自己的机会。每一个孩子都有自己独特的天才和技能，展示"拿手戏"能给他们带来极大的喜悦。"妈妈，我给你讲一个故事好不好?"这时即使你在厨房做饭,也要满足他这个愿望,并适时地给予肯定:"你讲得真是太棒了!"要知道,能和你分享他喜欢的这个故事,对他是多么的快乐。孩子的热情能通过你的分享和肯定,转化成良好的自尊、自信,而这些品质对他们一生的快乐都是最宝贵的。

第五,培养孩子兴趣。专家研究发现,全身心投入到一项充满挑战的任务中,会给人带来很大的快乐。对于孩子而言,培养他的兴趣爱好,例如集邮、绘画等,让他投入其中,会让他很快乐。但这里的投入并非指给孩子安排满满的绘画课程或者舞蹈练习等,因为那样只会让孩子失去兴趣,失去从中得到的快乐。而兴趣爱好也不一定是指某种技能,例如集邮、拼图等,它们并不是某种竞技,却同样可以开发孩子的智力,更能让孩子学会投入的快乐。

第六,带孩子到大自然中去。喧嚣的都市生活,对孩子的心灵有许多侵蚀作用,孩子的感情世界不免机械、冷漠、烦躁。如果父母利用假日带着孩子离开喧闹的都市,去郊外、河畔,和孩子一起捉小虫、放风筝,在草地、田野奔跑、嬉戏,那时大自然会把孩子的心紧紧拥抱,孩子会有享不尽的乐趣。

多让孩子亲近大自然

谈起让孩子去户外活动,很多家长总是以孩子学业忙,容易玩疯了耽误学习为由,不允许孩子出去。以致很多孩子除了学习,就是在家看电视，上网玩游戏、聊天。孩子很少有机会与大自然亲近，更不用说走进大自然、体验大自然了。

实际上，大自然是孩子学习知识、体验"美"与"生命力"得天独厚的课堂。在这一课堂中，孩子不仅可以感受到大自然的美好，更可以增长见识，锻炼自己的意志力。而整天把孩子关在屋子里，孩子过度地与电视、电脑交流则会疏于跟人、跟大自然的交流。孩子整天待在家里，不知季节的变换，不知万物的生长，会幼稚得不知西红柿是长在树上还是长在藤上，不知莲藕是长在田里还是长在水里。孩子不到自然中去看看，就体验不到山河的壮美，体会不到人和自然的和谐相处。更重要的是，整天让孩子待在狭小的空间里，容易让孩子在枯燥、无味的生活中变得郁郁寡欢，还遏制了孩子各种能力的发展，影响其身心健康。因此，家长应把孩子从闭塞的空间里解放出来，让孩子投身到泥土的芳香中，让大自然这本永远读不厌的教科书对孩子发挥积极的作用。

对于孩子来说，大自然是他们学习、体验、探索的最好场所，他们将在这里获得丰富的养分。有智慧的家长应懂得利用这一丰富的资源，给予孩子最初的"生命"教育。达尔文的母亲就是这么一位有见地的家长。

达尔文的父亲是英国一位有名的医学博士，母亲苏珊娜是位有见识的女性，她承担了教育子女的责任。达尔文一岁时，苏珊娜就注意对他进行启蒙教育，尤其是常带达尔文去花园散步。在这里，小达尔文看母亲嫁接果树和培植花草树木，同时帮助搬移花盆。苏珊娜一点一滴地教达尔文认识和观察花草，告诉他怎样根据花蕊来识别花草，怎样记住各种树木的名称。有时，小达尔文还跟着父亲去郊外采集花草植物，在这样的环境熏陶下，达尔文从小就喜欢大自然，知识领域也不断地扩大。

苏珊娜很懂得爱护达尔文的好奇心。一次，苏珊娜给树苗培土，小达尔文问："妈妈，你为什么要给树苗培土？"在得到满意的回答后，他又提出诸如："泥土为什么长不出小猫和小狗呢？"等一连串的问题。苏珊娜为孩子能提出问题而高兴，她对达尔文说："世界上有很多事情，对于我，对于你爸爸，对于所有的人来说，都还是一个谜，妈妈希望你长大后自己去找答案，做一个有学问有出息的人。"

母亲循循善诱的教诲，启迪了达尔文幼小的心灵，激发了他探求未知世界的欲望，最终他成为举世闻名的科学家，提出了生物进化论，为人类做出了杰出的贡献。

苏珊娜育子的故事给了我们很大的启发，与其将孩子封闭在狭小的空间里变得狭隘、无知，不如释放孩子的身心，让孩子在大自然中体验、探索与学习，从而从中受到教益。

具体地说，家长可以做到以下几点。

1. 把孩子带到大自然中，感受自然之美，提高审美情趣

大自然的美是多方面、多层次的，家长要和孩子一起去欣赏、领略。高高的山峰好似巨人巍然屹立，坚不可摧；苍松翠柏顽强地生长于悬崖峭壁，显示了旺盛的生命力；湍急的河流飞泻而下，似有千钧不挡之势；青青的小草平凡可爱……

自然界的美不仅表现为美丽如画的景色，而且还有悦耳的音乐。这是一种特殊的乐曲，如鸟儿的歌唱声，树叶的沙沙声，流水的潺潺声……这一切细细品味，悦耳动听韵味无穷。

在大自然中，孩子的身心得到了放松，审美情趣更有可能得高，在美的熏陶中，孩子将会更加热爱生活、热爱生命。

2. 培养孩子热爱大自然的意识

通过欣赏大自然，培养孩子热爱自然、珍惜环境的意识，培养他们热爱动物、保护花草树木的情感，使孩子懂得保护生态环境的重要性，这才是欣赏大自然的真正目的。根据不同的地理位置、不同的季节、不同的时间来感受大自然的不同风貌。春天绿芽长出来了，给人满目生机；夏天树木长满树叶，给人带来片片荫凉；秋天秋高气爽，让人感到阵阵快意；冬天到处是银装素裹，使人体验白色世界的纯洁。这是四季不同的景色，在这里春的生机、夏的炎热、秋的凉爽、冬的淡雅，只要稍加观察就不难发现他们的不同之处。这是父母指导孩子欣赏大自然时必须掌握的。

3. 家里应购置一些关于旅游方面的书籍

闲暇时翻翻旅游方面的书籍，可增长见识，引起探索的欲望；也可与孩子一起看看《人与自然》《自然探索》《动物世界》《国家地理》等关于自然科学的电视节目，来加强孩子的感性认识，比较多地了解国内国外的自然知识。

4. 经常带孩子出去旅行

正所谓"读万卷书，不如行万里路"。因此，有条件的家长可以多带孩子出去旅行。让孩子在旅行的过程中增长见识、增长能力，锻炼个人意志。

一位经常带女儿出去旅行的母亲，曾这样介绍了自己的经验：

女儿5岁那年，我在书店买了本介绍全国旅游景点的书，每到一个地方旅行之前，我都会先在书上看一遍，然后用儿童容易理解的语言讲给女儿听，让她先有个初步的认识和了解。我想，让孩子带着问题去玩，不但锻炼了身体，同时也可以增长地理、历史等各方面的知识，这对孩子的身心健康和语言及写作能力都有好处。

随着孩子年龄的增长，我除了让她准备该带的物品外，还专门给她准备了一个能背着的小旅行包。其实我知道孩子所能承受的重量，里面并没有装很多的东西，目的只是让她有合作的意识和小大人意识。

当我们在旅途中遇到不认识的路时，我就会坐在一边请女儿来帮忙问路，这样孩子在旅行中不仅增长了许多的知识，还学会了与人交往的技巧，更学会了如何处理问题。

当然，如果家庭条件不允许或工作太忙没时间，家长也可以多带孩子到郊外走走，在户外散散步等，这也是让孩子亲近大自然的一种手段。

输得起的孩子容易成功

6岁的胜清聪明伶俐，和同龄的小伙伴相比，学习和自理能力都显出优势，不怎么让父母操心。但最近胜清有个不好的苗头，就是一遇到丁点不顺心的事立刻就把不高兴"写"在脸上，甚至大发脾气。比如下飞行棋，只能赢不能输。她掷骰子的时候时常会要点小花招：冷不丁地瞄上爸爸妈妈一眼，趁其不注意飞快地摆出一个"6"，以便自己一次走得最远；要是碰巧掷了个"1"，立刻抓起骰子嚷开了，这个不算，重来一次！如此"用心"的结果，是她几乎每次都欢呼自己得了第一；偶尔败北，便大呼小叫着"不行"、生气地一把将棋推倒不玩了、或者脸憋得通红、满脸泪水地缠住爸爸妈妈再玩一遍、两遍、三遍……直到她赢了才心满意足。

诚然，除了故事中的小女孩胜清，我们还会经常听到父母们的抱怨，"每次和孩子一起玩游戏，只要我赢了，他就会很不开心，闹着不算，硬要重来……""我们家的孩子不会交朋友，游戏、比赛只能他赢，不能输，现在没有孩子愿意和他玩……"。胜败其实乃兵家常事，可一些孩子偏偏不懂这个理，争强好胜，赢了就满心欢喜，输了就大哭大闹。

从儿童心理学的角度来讲，孩子"输不起"是一种正常现象。无论什么事情，孩子总是希望自己能做到更好，比别人强，获得周围人的认可。可是因为孩子年龄小，各方面都不成熟，他并不了解自己的强项和弱项，在人前或是在集体活动中，一旦不如人，输于人时，他就会表现出不满、不高兴。另外，孩子"输不起"与父母平时的错误教育也有莫大的关系。一些父母往往喜欢将孩子的成功当作自己的"门面"，赢了就夸孩子聪明、能干，输了就指责和埋怨孩子笨，这种教育方式是最不可取的，这样做很容易让孩子走向两个极端，要么失败了就爬不起来，要么就争强好胜、非赢不可；与此同时，一些90后父母年轻有为、心高气傲、事事好出头的性格也在一定程度上对孩子形成负面影响，使孩子"照葫芦画样"。

孩子"输不起"通常会有两种表现：一些孩子面对挫折、失败，他会采取回避，逃避困难。比如，妈妈批评孩子学钢琴不认真，不如隔壁的玲玲弹得好，听到这话，孩子索性就放弃了，干脆就不弹了；另外一种，性格急躁的孩子一旦在游戏中输了，就会大发脾气，哭闹以示宣泄。

虽然说好强是孩子正常的心理，但是，如果孩子的得失心过重，每一次输赢都让他耿耿于怀的话，这就会影响到他今后的人生道路以及与人相处的能力。面对"输不起"的孩子，父母需要费点心思，帮助孩子排除这种心理障碍，让他逐渐跨越输赢的问题，体会做每件事所带来的各种情感经验。

引导"输不起"的孩子，父母首先要平衡自己的心态，正确看待孩子的失败。同时应积极鼓励，帮助孩子建立自信、积极面对生活学习中的挫折——

第一，树立孩子"失败不可怕"的意识。失败未必总是坏的，关键在于对待失败的态度，同样的失败既可以产生消极的情绪，也可以磨砺人的意志使其奋发向上。孩子对周围的人和事物的态度常常是不稳定的，在遭遇到失败时，往往会产生消极情绪，不能以正确的态度对待失败和挫折。这时，父母要及时告诉孩子，"失败并不可怕""你要勇敢""你一定会做得更好的"。父母要有意识地将孩子的失败作为教育的契机，引导孩子重新鼓起勇气，大胆自信地再次尝试；同时，还应让孩子明白人人都会遇到困难和挫折，而困难和挫折是可以克服的。教育孩子敢于面对困难和挫折，树立战胜困难和挫折的勇气与自信心，这样就可以提高孩子克服困难和抗挫折的能力。

第二，增加孩子挫折时的承受力。虽然要尽可能协助孩子成功，但父母在平时的生活中不要过分刻意地为孩子排除一些在正常环境中可能遭遇到的困难，当孩子遇挫时，父母不要立刻插手，不妨留给孩子自己面对失利的空间和机会。比如，孩子用积木搭一座高楼，可不巧，快成功时"楼"塌了，看着孩子沮丧的表情，父母尽量不要直接替他解决问题，可以和他一起讨论，引导孩子去思考，然后让他自己去执行解决的办法。孩子克服挫折的能力和动机，常来自遭遇过的挫折，当他的经验足够丰富时，就可以得到更多的成就感和自信心。

第三，集体活动中提高耐挫力。在集体游戏中，孩子会经历一些挫折和失败，这些失败的痛苦经历让他更好地认识自己，发现自己的缺点和别人的长处，发展他的内省智能。他一方面要学会如何欣赏别人，和同伴友好相处，共同合作；另一方面在同伴之间的相互交流和指导中，克服困难、解决问题。在集体中的这些磨炼有助于提高幼儿的耐挫力。

第四，游戏中平衡输赢心态。父母和孩子游戏时不要经常故意输给孩子，适当的时候玩一些输了也有奖励的游戏，通过这种办法，平衡孩子输不起的心态。

输得起的孩子才容易成功。今天的失败，是为了明天的成功做准备。

耐心地对待"问题"孩子

现在的父母由于工作忙碌，生活压力大，对孩子不是简单粗暴的体罚，就是溺爱和惯纵，很少有时间坐下来陪孩子说话、玩耍。特别是一些90后父母，受全球性金融危机以及高昂不落的房价等现实因素的冲击，所承受的压力是其他任何时候作为家长都所无法比拟的，于是乎，在面对孩子的教育上就更是表现得力不从心。毫无疑问，父母们的这些做法存在着严重的问题，正所谓有什么样的行为就有什么样的结果，"问题的教育"带来的是"问题孩子"的增多。

最近，哈尔滨医科大学公布了对1961名学龄儿童的调查结果：哈尔滨有近14%的孩子成为问题孩子。他们主要表现为社交退缩、焦虑抑郁、违纪、多动症和具有攻击性等。毫无疑问，这些问题如不及时矫治，问题孩子将渐渐沦为社会边缘人物，最终成为整个社会的潜在危机。

这一结果与前不久上海的一项同类调查惊人相似，上海问题孩子的比例约为17%。看来，问题孩子已经成为一种普遍现象。在漫长的教育生涯中，孩子总像随时要爆炸的炸弹，不知道什么时候，你心目中的乖宝贝会变成混世魔王或者沉默羔羊，他们身上的问题总是层出不穷，让家长疲于奔命，心力交瘁，痛苦不堪。

在工作中，陆先生是一个成功的商人，可在家庭生活中，他却是一个失败的父亲，13岁的女儿特别叛逆，还常常做出一些出格的事：抽烟、文身，吐脏字骂人。"我很后悔，只给了她物质方面的满足，却从来没进入她的内心世界。"陆先生的女儿从小就是在寄宿学校度过的，而且都是贵族式的，可多年的寄宿生活却让女儿变得很怪异。有一次，她怂恿班上几个同学一起去砸教室的灯，而目的只是为了引起老师的关注。"可能是女儿太空虚了，从小到大，我和她谈话的次数能数得清，导致现在她根本不愿意和我们交流，即使在家，也是疯狂地上网、打游戏，模拟各种流行行为。"

现实生活中，一旦孩子出现问题后，父母的第一反应就是"病急乱投医"，却从不管孩子是否能够接受。其实，现在很多问题孩子所表现出来的"叛逆"，基本都是青春转型期常见的问题，只要父母给予更正确的指导，问题孩子的问题就一定可以解决。

第一，最大限度地理解、宽容、爱护问题孩子。问题孩子不一定是坏孩子，由于未成年的孩子正处在身心发展阶段，是非观念尚未成熟，对一些问题有不正确的看法或错误的做法是难免的。这时，少年儿童向善向上的本质需要加以保护，父母不能因为孩子犯错误就把他当作坏孩子。问题孩子中的错误，大多是心理问题，而不是道德问题。孩子的行为动机往往是纯真的，也许是好奇心、表现欲所导致的行为过失，不能轻易或者盲目地定性为道德品质问题。孩子们犯了错误，他们迫切想得到的是理解和帮助，而绝不是粗暴的批评和惩罚。他们正是通过不断从错误中吸取教训而成长、成熟起来的，父母应该最大限度地去理解、宽容、爱护他们。

李圣珍是北京通州二中化学老师，数年前就开始全职在家，一门心思地带13个来自9个省市、4个民族的孩子。这些年，她总共调教出了一批特殊的子女——五十多名被他们的亲生父母视为"笨孩子""无可救药""傻孩子"等问题孩子，如今大半已考入国内重点大学，多位赴日本、欧美等世界一流大学留学深造。许多孩子经她手把手地调教后，少则数月，多则一年，全部"脱胎换骨"，由原来被父母和老师评判为"在教育方面已经没有希望"的"教育弃儿"，变成了深受学校和家庭欢迎的"希望之星"。这些孩子，有学习障碍的，有健康疾患的，有品德缺陷的，还有心理问题的，但是在李圣珍老师眼里，没有问题孩子，她总是最大限度地理解、宽容、爱护他们。

第二，为问题孩子营造宽松愉悦的成长环境。父母的才干不仅表现于渊博的学识，更重要的是要善于为孩子营造宽松愉悦的成长环境。当孩子处在轻松愉快的状态时，记忆力会大大增强，联想也会更加丰富。在这样的状态下，学习效率会大大提高，学习潜力可以得到更大发挥。对问题孩子要讲究爱的情感、爱的行为和爱的艺术。爱孩子，就必须善于走进孩子的情感世界，就必须把自己当作孩子的朋友，去感受他们的喜怒哀乐。有时一个关爱的眼神，一句信任的鼓励，都能赢得问题孩子的爱戴和信赖，会使他们的潜能发挥出来，使他们能充分享受到学习成功的乐趣。

有个孩子因为学习不太好，对老师的提问常常不能回答。在课堂上也不敢举手，但又怕同学们说他笨，往往举了手却回答不出问题，他为此压抑和自卑。这位老师在了解了他的情况后，和他秘密约定，"以后回答问题，要是你不能回答就举右手，能回答就高高地举起你的左手。"这样一来，孩子信心大增，慢慢地，他举起左手的时候越来越多，学习也赶了上来。最后就是他的左手，指引着他走向了成功。

重分数轻能力的观念要不得

现在的孩子大部分都是独生子女，在家里娇生惯养，父母只让孩子学习，其他的什么都不让干。很多父母都说：孩子的任务是学习，家里的活你什么都不要管，不看与考试无关的一切书籍和影音资料，不和外界接触和交往等。于是乎，就出现了很多的"书呆子"和没有独立生活能力的孩子，他们只要学分，不要能力，有的上大学离开父母后无法独立生活，有的大学毕业后没有工作能力。

可以说，现在的父母普遍重分数、轻能力，重竞争、轻合作。分数至上的主导思想，必然对孩子造成巨大的学习压力。与此同时，父母们也并不重视培养孩子与他人的交流、合作及共同生活的能力。

会骑自行车的人都有这样的体会，学习骑自行车靠的是练习而不是记住了多少关于如何骑自行车的书本知识实现的。一个人即使掌握再多的关于骑自行车的知识，只要不练习，就永远不会骑车。相反，就是一点没有骑自行车的知识，只要勤练习，就可以学会骑自行车。从学骑自行车的过程来看，知识和能力的学习是通过不同的途径实现的，两者泾渭分明，不可替代。

可以说，造成父母孩子重分数轻能力的原因是"听话"教育在作怪。我们从小到大听到最多的声音是"听话"和"乖"，孩子只要按照大人的话或指示去做就可以了。而用"听话"的原则来衡量人才标准的基础就是能记住多少书本和先人说过的话。这实在是教育的误区。

《中国青年报》的一项调查显示：当让家长回答"对孩子前途最大的期望是什么"时，有53.47%的父母把"将来上大学"当作孩子最有前途的选择。正由于大部分家长对孩子的教育目标是"将来上大学"，这就导致家长认为孩子应把学习放在第一位。通过进一步的调查发现：11%的家长"完全同意""只要孩子学习好，其他的什么都不重要"，仅27%的家长"完全不同意"此观点，其他大部分家长则在"比较同意"或"比较不同意"。对"孩子的能力比分数还重要"这一观点，仅有5%的家长"完全同意"，32%的家长竟然"完全反对"。甚至6%的家长认为"孩子自己打扫房间会耽误学习"。

能力的培养比分数更重要。父母重分数轻能力的做法只会对孩子的成长造成很不利的影响。

第一，重分数轻能力会增加孩子的心理压力和学习焦虑感，从而导致厌学。分数绝不是孩子的一切，某一次考试绝不代表孩子学习的全部。可惜父母们往往是望子成龙、望女成凤，急功近利，如此反而适得其反。父母过分看重分数，无形中给孩子增加了重重的心理压力，导致学习的过度焦虑，这种焦虑就是对当前或潜在威胁自尊心的一种过度担忧，严重的就是孩子对某些学科失去信心，导致厌学。

第二，重分数轻能力会极度挫伤孩子的学习积极性。每逢考试结束，孩子带着试卷回家，很多父母的第一句话总是：考了多少分？当获知成绩后，父母总是表现出不满意的表情，"才98分呀，下次努力。""这次考了100分，下次可要保持住呵。"事实上，父母对孩子的要求从来就很高，对孩子的现状从来就没有满足的时候。孩子在得到这样的答复后会怎样想呢？这样的孩子还有多少学习的积极性呢？

第三，重分数轻能力会不利于孩子与同伴、教师形成良好的人际关系，甚至会导致孩子出现人格缺陷。现在，很多人以分数来衡量一个孩子，这个孩子学习成绩好，就是好孩子，学习成绩差，就是差孩子。作为父母，如果只是看分数，可以发现考试分数低的这些孩子，往往是孤立的，朋友不多，喜欢的人不多，别人谈笑风生，自己却躲在角落。别人讨论题目，这些孩子要故意岔开回避。看到老师，老远就躲起来，要不就装作没有看见一样，长此以往，导致孩子不说话，内向、孤僻、偏激，甚至破罐子破摔。

第四，重分数轻能力会让孩子难以立足社会。事实上，在这个"觅食艰难"的时代，大学生找不到工作已算不上什么奇事。相比技校生，无论就投资还是学历层次而言，大学生在职场上都应比技校生胜出一筹。然而，如今的事实是，大学生找工作还得先"回炉"读技校。曾经，社会将大学生就业难归罪于"眼高手低"。然而，如今大学生当保姆、当搓澡工已不再新鲜，甚至连"零工资就业""负工资就业"都有了，为何大学生就业依然尴尬？仔细思之，大学生的"短板"还是动手能力差。而一些技校的学生之所以比大学生"吃香"，也正是得益于其动手能力之长。

有专家指出，传统的教育观念把考试作为衡量学生优劣的标准，这使得成绩好坏几乎成为孩子学习动力的唯一标准。而现代的学习观测指出，不能把考试成绩作为衡量学生优劣的唯一标准，学习应注重培养他们应付未来的能力，包括自主获取知识、发现和解决问题、创造性思维、与人融合相处、适应社会变革、社会判断、选择、开拓、参与等各个方面的能力。因此，作为 90 后、95 后父母，应站在时代的前沿，与时俱进，摈弃重分数轻能力的传统教育观念，把对孩子的能力培养放在首位。

第六章　好妈妈都是故事高手

　　著名作家冰心说："讲故事是孩子最喜闻乐见的，也是孩子最容易接受的一种教育形式。"世界上没有不爱听故事的孩子，故事是孩子认知世界的一扇窗口。而妈妈，是给孩子讲故事的最佳人选。

"故事教育法"的神奇力量

常听家长痛心疾首地诉苦——

"孩子越大越不听话，我们说他一句，他竟然反驳好几句。"

"我磨破了嘴巴跟孩子说道理，孩子竟一脸茫然。"

"这孩子就是不争气，骂过、打过……根本不管用。"

面对孩子的调皮，很多家长只知道横挑鼻子竖挑眼，一上来就是一翻说教，容不得孩子半点解释。试想，孩子在这样的环境下成长，身心会是多么的交瘁。心理学研究表明：破坏性的批评与责备是扼杀孩子自尊心和自信心的最重要的杀手。在家长一次次的斥责声中，孩子会渐渐习惯这些词语，从而变得麻木不仁，缺乏自尊心，成了所谓的木头人。这种人最容易被大众所遗忘、无视甚至践踏，人缘自然是奇差无比。这正如有人指出的那样："那些被认为没有自尊心的孩子，是外界没有给他们提供使自尊心理健康发展的良好环境。他们的自尊心是残缺的、病态的，他们是斥责教育的受害者。"

那么，为了孩子的健康成长，家长该如何教育、引导孩子呢？

不妨运用"故事教育法"吧！"故事教育法"就是针对孩子随时发生的情况，把各种教育的道理蕴涵在故事中，通过讲故事的方式达到教育、引导、说服孩子的目的。实践证明：运用这种教育方式，能在轻松愉快的氛围中，达到事半功倍、皆大欢喜的教育效果。

一个9岁的小男孩，因为聪明机灵而骄傲自满，受到了同学们的孤立。为了帮助小男孩改正骄傲的坏毛病，年轻的班主任先是说了一大串道理，但并没有让男孩明白自身的错误，反而让他流下了委屈的泪水。情急之下，班主任决定给小男孩讲一个"菊花和葱头"的小故事：

在一个农村老大娘的屋子外，长着一株菊花。菊花老是沾沾自喜："你们瞧，我多美啊！在这地方我是最美的。"在菊花旁边长着一棵葱头，一颗普普通通的葱头。夏末，葱头熟了，绿色的茎叶蔫了，葱头散发出辛辣的气味。

菊花捂着鼻子。"呸，你发出一股多难闻的味道呀！"菊花对身边的植物说，"我真的感到奇怪，人们干吗要种这种植物呢？想必是为了熏跳蚤……"葱头没有出声，它把自己视为灰姑娘。

这时，老大娘从屋子里走出来朝菊花走去。菊花屏住了呼吸。它想：大娘马上就会说，她的花多美啊。菊花感到有点飘飘然了……

然而，老大娘走近菊花却弯腰拔起了葱头。大娘端详着葱头，惊呼了一声："多好看的葱头啊！"'

菊花感到困惑了：难道葱头这副尊荣也能称之为好看的吗？

小男孩听完这个故事，脸上的泪痕已经干了。从这个故事中，他悟出了一条道理：人各有所长，各有所用，不能自作聪明，看不起同学。而班主任也从这场师生沟通中悟出一个教育孩子的道理，那就是：少讲些大道理，多说点小故事。

这位年轻的班主任叫苏霍姆林斯基，后来成了苏联最著名的教育家。苏霍姆林斯基发现了"故事教育法"的妙处后，为了让这种方法惠及更多的孩子，写作出版了《做人的故事》《成长的故事》等童话故事集，用浅显的文字、抒情的语调、优美的故事，来传播有关美、爱、快乐、友谊、责任、价值、品质的道理。

是的，讲故事是最好的教育方法。好就好在这种方法不霸道、不空洞、不说教，化枯燥为生动，寓教育于娱乐，于润物细无声中潜移默化。作为家长的你，如果被苏霍姆林斯教育孩子的小故事所吸引，并从中悟出一些关于教育的道理，那么，毫无疑问，"故事教育法"是有效的。至少，其效果在你的身上已经体现出来了。

其实，给孩子讲故事还有很多好处——

英国广播公司曾报道，英国教育研究所的研究人员说，家长是否在孩子幼小时期经常给他们讲故事，与孩子们日后的学习能力好坏有着直接的关系。这项由英国政府资助的研究调查了8000多名5岁儿童在打基础阶段的情况，以及在学校学习一年后老师对他们的能力的评价，并对他们的认知能力进行了测试。研究结果显示，家长如果能每天花些时间给孩子讲故事，那么这些孩子长大后行为出现问题的风险可能会降低。此外，如果家长能够认识到在婴幼儿时期开发智力的重要性，并每天在孩子身上投入一点时间，那么孩子日后的认知和学习能力都会得到改善与提高。

而日本最新一项研究显示：家长经常给孩子说故事，不仅能增进亲子交流，还可以促进孩子大脑发育。孩子在听故事的时候，大脑内侧边缘系统相当活跃，这个边缘系统主要掌管人类的喜怒哀乐各种情绪，家长在说故事的同时，孩子的喜怒哀乐等情绪因此跟着生成发展，同时，家长的陪伴对于儿童的情绪管控及脑部智商发育也有相当显著的影响。

另外，给孩子讲故事可以培养孩子的想象力，如为故事虚构景物、人物、声音、情境及气味等，这种想象力对孩子是十分有建设性的。虽然录音机也会讲故事给孩子听，但与家长相比，它缺乏与孩子之间的亲切感和交流互动。电视也是有教育作用的，也是可以模仿和创造的，但是这种创造总是第二手的，因为故事首先是出自于作者的大脑，而不是孩子们自己的。因此，这对孩子想象力的培养没多大的帮助。孩子的学习能力很强，但从电视上学习只会将孩子变成一个被动的接受者而不是参与者；是一个世界的旁观者而不是创造者。

妈妈是讲故事的最合适人选

天气越来越冷，5岁的男孩飞飞不小心患了感冒。这可不得了，爸爸妈妈赶紧把他送医院。到医院后，飞飞就是不配合医生的治疗，哭闹着非要回家。爸爸妈妈想尽了各种办法，还是没能使孩子消停下来。这时，妈妈想到了故事教育法，她给孩子讲了个故事："从前……"

这办法真灵，孩子一下子不哭了……医生打了针，还开了药方，最后让孩子回家休息。回到家后，孩子又哭闹开了，原来，躺在床上的他怎么也睡不着，就要听故事！可爸爸妈妈还要上班，哪有时间给孩子讲故事，这时，爷爷奶奶来解围，主动担当讲故事的角色。他们轮番给孩子讲故事，孩子听后却怎么也不满意……

傍晚，爸爸下班回来，飞飞纠缠着不放。爸爸这些天看了不少故事书，正愁没有听众呢。他坐在床边，绘声绘色地讲起来，可还没讲到一半，孩子就捂着耳朵拒绝了，"爸爸讲的和爷爷奶奶一样难听，我不要听，我不要听"。不多一会儿，妈妈回来了，她的第一任务自然也是讲故事。没想到，这次，飞飞竟听得入了迷，听完一个后还想听下一个。为了让飞飞有个好心境，妈妈一连讲了十多个故事，把吃饭时候都错过了。而飞飞的病在不知不觉中竟轻了很多，妈妈打趣说："故事也能治病啊！"可爸爸不明白了：妈妈选择的故事也不见得有多好，为什么孩子就喜欢呢？而当我们讲故事时，为什么孩子一点也不买账？

其实，很多人都有飞飞的爸爸一样的困惑，比起很多讲故事的人，孩子为什么偏偏就喜欢听妈妈讲故事呢？事实也表明，妈妈是最适合给孩子讲故事的人！

这与妈妈作为女性天然所拥有的特质以及母爱在孩子成长过程中发挥的作用是密不可分的。

第一，晋朝的夏侯湛在《昆弟诰》中写道："纳诲于严父慈母。"也就是说，在一个家庭中，父亲往往是严厉的，而母亲则是慈祥的。在孩子成长的道路上，妈妈给孩子最深刻的印象是温柔，这让孩子的心理更乐于接受。同样，妈妈在给孩子讲故事时，孩子无论如何也不会产生排斥的情绪。

第二，一般来说，妈妈作为女性，感情比较细腻，心也更细。在讲故事的过程中，能够及时发现孩子心理的微妙变化，从而给予正确的关注，这会给孩子带来受重视的感觉，从而更乐于倾听。有个小女孩就很得意地告诉同伴，"有一次，妈妈给我讲'狼来了'的故事，当听到狼冲出来的情节时，我的心'咯噔'就紧张起来，妈妈竟一下子觉察到了我的变化，不忘安慰道，'别怕，有妈妈呢!'有了妈妈这句话，我果真不害怕了。"

第三，故事大王郑渊洁说："女人说起话来，那发音、那节奏、那韵味，本身就是一个亮点。"是的，妈妈讲故事时的声音比较屏障、动听，特别是年轻妈妈，那声带里似乎隐藏着一股磁性，这也是吸引孩子的重要因素之一。

第四，母亲是孩子的生命之源，也是孩子的启蒙之师，母爱对孩子一生的影响都是十分巨大的。每个孩子都渴望获得母亲的真爱，而真爱是沟通的润滑剂，有了这润滑剂，妈妈与孩子顺畅的沟通关系就被建立了起来。这有利于讲故事时一讲一听关系的形成。

给孩子讲故事不可忽视技巧

喜欢听故事是孩子的天性。美丽的白雪公主，善良的雪孩子，机智的阿凡提，勇敢的孙悟空……正是这一个个脍炙人口的故事，陪伴着很多孩子健康快乐地成长。

故事之所以为孩子所喜爱，是因为它是一种文学艺术作品。它具有吸引人的故事情节，有生动的人物形象，有优美的艺术语言，有深刻的教育意义。

有些妈妈以为讲故事很容易，无非就是开口讲嘛，有什么难的？其实不然，给孩子讲故事也是需要有技巧的：

第一，从选择故事入手。妈妈一定要根据孩子的年龄来选择适合他们阅读的故事。只有符合年龄特点、容易被孩子所理解的故事，才会让他们产生浓厚的兴趣，引起他们的注意。正常情况下，2~3岁的孩子思维还没有独立，喜欢以动物为主人公的童话，内容上应做到简单易懂。妈妈面对可爱的孩子可以讲述一些生活小常识、小儿歌等，只要具有童趣、语言生动活泼就可以了。4岁以后，孩子已经具备了一定的理解能力和思维能力，这个时候就可以讲一些品德教育、科学常识等方面的趣味小故事了，虽仍然要求读起来简单易懂，但是，此时妈妈面对的孩子已经长大了一些，所以在故事情节上，要有小的起伏与波动。这一点小小的区别能引起孩子思维与想象的大脑活动。

第二，发掘教育性。美国故事家吉姆·科认为："听故事能够打开那些直接教育无法触及的区域，无论是成人还是儿童，都可以从故事的义中找到解决自己问题的稳妥办法。"这表明，故事的内涵不仅反映生活、揭示世界，而且故事对人的塑造施加着积极影响，有教育性。据此，给孩讲故事，要充分发掘故事的教育性。

第三，注意观察孩子的反应。讲故事时，注意观察孩子的反应很重要。如果发现孩子注意力不集中，要分析原因，随时调整策略。年幼的孩子注意力很难集中，妈妈选择的故事一定要简短，要特别容易理解。当孩子开始出现注意力不集中的表现时，可以适当改变自己的语调，以引起孩子的注意，或将原有的语气表现得更为夸张一些。听觉上的刺激，可以直接引起孩子的注意。当孩子张口想发表自己的看法时，妈妈应耐心听完孩子可能不太完整的陈述。不要不耐烦，更不要从头讲到尾，不看孩子一眼，不给孩子发问的机会。要知道，只有更好地互动才能更积极地调动起孩子的想象力并活跃脑细胞。

第四，创设情境。讲故事过程实际是一个还原生活的过程，孩子年龄小，社会生活经验贫乏，往往对故事的内涵领悟较困难。因此，给孩子讲故事，首先应创设一种故事氛围，达到借景生情、置身于境的结果。具体做法可以通过"解题"作铺垫，告诉孩子这是一个什么样的故事、要注意哪些情节和人物等等。另外，要力求不断渲染故事环境，促使孩子神往于故事之中。

第五，善于设置悬念。瑞士教育家亚美路说过，教育最伟大的技巧是：知所启发。为了让孩子听而有发，讲故事中灵活运用悬念就十分重要。悬念就是挂念，它是孩子听故事时持有的一种对故事发展和人物命运关切的心态反映。有人说故事是人类灵感的桥梁，悬念就是灵感集成的火花。悬念的引入，就是打破故事完整的格局，在关键处置疑，让孩子按故事的脉络去思考，索探余韵。故事悬念通常有开篇悬念、情节悬念和结果悬念等，应视具体的故事内容和听故事对象择用或兼用。悬念的设置和运用，需要家长讲故事前认真钻研故事，精心设计讲法，悬念分布既可从故事内容的教育性入手，分解为情感悬念、问题悬念、事件悬念等；也可从故事的结构上设置，如层次悬念、连锁悬念等。当然，讲故事设置的悬念，是为了使故事跌宕起伏，曲直交错，增强故事艺术的感染力。不过，悬念设置频率、深度要因孩子而异，不能因设悬而让孩子听故事的兴趣受损。一般情况下，讲故事过程中设置的悬念，随着故事的推进，都要揭破，不能悬而无限。

第六，诵读也是比较好的方法。诵读可丰富孩子的词汇，积累知识，使孩子的语言表达更加准确、生动、规范。诵读时，妈妈应用饱满的感情，抑扬顿挫的语调吸引孩子。在讲故事时可以提一些孩子感兴趣又能增长知识的问题，也可以孩子提问，妈妈回答。这样不仅可以提高孩子的兴趣，激发他们的思维，而且能让他们变被动为主动，提高孩子阅读活动的积极性。

第七，养成习惯。每天可以选择一个固定的时间和固定的场合给孩子讲故事。比如在每天临睡前，为孩子讲一些睡前故事，而早上孩子醒来的时候，妈妈也可以在床上给孩子讲故事。这样可以培养孩子听故事的习惯。一旦养成了习惯，就容易长期执行了。

让讲故事的过程变得更有趣

妈妈在讲故事的过程中，不要只是把这件事作为例行公务，语气枯燥、干巴巴地念课文。因为孩子虽然在听故事，他同时也在学习，如果能够同时调动他的各种学习器官，如眼睛、耳朵、鼻子、双手、大脑等，就会很好地吸引孩子的注意力。所以，在选择故事书的时候，最好选择那些图文并茂的。在开始阶段，以图画为主，色彩鲜艳，形式多样，会吸引孩子的注意。

同时，讲述时不一定很快就进入故事情节，为了让孩子感兴趣、使他熟悉故事，妈妈可以先指着故事书上的各种小动物、各种物体、色彩，让孩子寻找和辨认，等到孩子建立了兴趣以后就可以讲故事了。有的故事书文字过于书面化，这时也不必拘泥于文字的限制，妈妈可以用孩子听得懂的语言和方式，让孩子明白。过于深奥或者不适合孩子听的情节，完全可以略去，不一定要完全按照书本来讲。

为了让故事的过程变得有趣，妈妈讲故事之前自己首先要熟悉故事，掌握故事内容情节。比如要知道这个小故事讲的是什么内容、情节有哪些变化、哪一句该用什么语气来讲述等等。充分掌握了这些要点之后，当孩子作好了聆听的准备时，妈妈最好把书放在一边，尽可能地将整个故事完整有序且绘声绘色地描述给孩子。

当然，还有一点特别值得注意，要避免为孩子讲故事时发生因生疏而结巴的情况，这会打消孩子的积极性，让他们丧失对故事本身的兴趣及听下去的耐心。如果在讲故事时，能给孩子出示一些事前画好的大大的彩色图片或制作好的模型的话，那就再好不过了。这些小道具可以让孩子瞪着大大的眼睛与你分享故事的快乐呢！

下面介绍几种讲故事过程中运用到的可以提升孩子兴趣的方法：

第一，布置任务法。讲故事之前就将准备让孩子回答的问题一一列出，比如故事里的小主人公有什么特征、小主人公最后的结局是什么等。让孩子带着问题去聆听，可以让他更全身心地投入到故事的情节中去。

第二，设疑问法。结合故事内容巧设问题，可以调动孩子思维的积极性。当孩子对于一个故事比较熟悉的时候，就可以在听故事的过程中设计各种问题，鼓励孩子回答和参与，甚至发挥孩子的创造力来改写故事，比如问孩子，"这个故事叫什么名字呢？""后来怎么样了呢？你知道吗？""大灰狼在奶奶的屋子里干什么呢？""你要是小红帽，会怎么办呢？"等等。当然，问题不能太难，过于难解的问题会让孩子直接产生放弃的念头。这就考验到妈妈的智慧了。

第三，鼓励提问法。问题是发展思维的起点。如果孩子在听故事的过程中，喜欢提出问题，妈妈一定要加以鼓励，并且耐心引导孩子从故事中找出答案来，千万不要只讲故事，却不给孩子发问的机会。

第四，续编法。为发展儿童的创造想象，讲故事时，妈妈可以训练孩子续编故事结尾，比如问，"后来又发生了什么事？""他怎么样了？"等等，以引导孩子展开想象，从多角度续编。

德国诗人歌德幼年时，母亲就常常给他讲故事。讲到最惊险处就停住了，以后的情节让歌德自己去想象。幼年时的歌德为此做过多种设想。有时他和妈妈一同谈论故事情节，然后再等待着第二天故事情节的"公布"。第二天，母亲在讲故事前，先让歌德说一说自己是如何设想的，然后再把故事情节讲出来。

如此，歌德的想象力和思维力得到了很好的发展，这也为他以后的创作打下了良好的基础。

听妈妈讲故事时，孩子会不由自主地随着情节的发展想象故事中的人物、场面和情景，这对右脑的图形思维能力有很好的促进作用。

第五，复述法。当妈妈辛辛苦苦为孩子讲完故事后，可以要求孩子进行复述，以锻炼孩子的记忆力和逻辑性。当然，在复述的过程中，孩子对故事所包含的道理会有更深刻的体会。

第六，配音法。故事里常常会描写到源于自然界的各种有趣的声音，如小动物们的叫声、高山流水的声音等。可以让孩子模仿这些声音并参与到故事中来，这样，孩子一定会兴致勃勃地发挥自己的表演天赋。

第七，表演法。给孩子讲故事时，妈妈要学会把故事情节通过语言描述、肢体动作及道具的运用等形式表现出来，这样可以使孩子获得情绪上的愉悦，也可帮助他们加深对故事的理解和记忆。

第八，配画法。为自己喜欢的故事配上插图，是孩子很乐意做的事。当孩子们利用自己的想象力为故事中各种角色人物，或森林、大海等填涂颜色时，妈妈不要过多地干涉。应该让孩子独立想象和创造，孩子们需要自己的创作空间。

如何在晚睡前给孩子讲故事

每晚临睡前，听妈妈讲故事、和妈妈一起看故事书成为4岁兰兰一天中最美妙最令人期待的时刻。兰兰会事先挑选好要讲的书，然后就钻到被窝里安安静静地等候着。有时碰到妈妈偷懒，把书中的几句话省略未讲，她就会不满地提醒道："妈妈少讲了一句啦，重来！"

讲故事的时间，随着兰兰的渐渐长大而不断延长着。原来讲一个短故事只需要十分钟左右，可兰兰的胃口越来越大，听了一个，还要听一个，妈妈只能口干舌燥地讲上好几个。有时妈妈实在累了，就试探着和兰兰商量说："今天就讲一个故事好吗？"兰兰点点头，说："行呀！"妈妈刚要夸她答应得如此痛快，不曾想，小丫头已经伸出三个手指头，补充道："这个故事讲三遍就行了。"

妈妈发现，故事带给兰兰的不仅仅是乐趣，更多的是其智力、想象力的提高，同时，比起同龄孩子，兰兰要懂事得多。

不少妈妈利用晚上睡觉前的一段时间给孩子讲故事，这确是一个很好的教育方法，既可以对孩子进行品德及行为习惯的教育、丰富孩子的知识，又可加深亲子间的感情。武汉大学儿童发展研究中心主任在接受某报记者采访时指出，夜深人静时，孩子的身体和思维也相对安静，在这个时候对他们娓娓而谈，孩子更愿意主动接受。而且，大人温柔亲切的朗读，对提高他们的睡眠质量很有帮助。

但有的妈妈对讲故事一点也不讲究，总是信口开河，讲什么魔鬼、大灰狼的故事，还吓唬孩子说："赶快睡觉，要不然，大灰狼来抓人了……"这样，虽然在当时吓得孩子闭上了眼睛，但其后却是不良的。它在孩子幼小的心灵中播下了"害怕"的种子，使孩子胆小，怕黑，怕一个人呆着，怕毛茸茸的东西；夜间睡觉时不敢单独入睡，需大人陪着；有的甚至出现夜惊、做噩梦等。

妈妈在孩子入睡前讲的故事，一定要内容健康、富有童趣，有利于创造一个温馨的氛围，以利孩子入睡；同时，孩子的睡前故事应该朗朗上口、韵律及节奏感强，如一些童话、民间故事、童谣，甚至唐诗宋词等。

作为睡前故事，情节可以有，但不能太曲折，否则容易让孩子变得兴奋。

另外，入睡前讲的故事不宜过长，尽可能一次将故事讲完。不要讲到最精彩的地方停下来，使孩子余兴未尽，又去想故事的情节，这样也是不利于孩子入睡的。

用故事改变孩子的方方面面

著名儿童教育专家孙云晓就曾说过："讲好 1 则故事，胜过给孩子上 100 堂课；1 位优秀的故事讲述者，强于 10000 个空洞的说教者。"是的，一个个精彩的故事，就像春日的阳光、夏季的清风、晚秋的泉水、初冬的暖雪，可轻轻扣开孩子的心灵花园，成为改变孩子一生的指明灯。

那么，用故事可改变孩子哪些因素呢？

第一，用故事培养孩子良好习惯。

一位没有继承人的富豪死后将自己的一大笔遗产赠送给远房的一位亲戚，这位亲戚是一个常年靠乞讨为生的乞丐。这名接受遗产的乞丐立即身价一变，成了百万富翁。新闻记者便来采访这名幸运的乞丐："你继承了遗产之后，你想做的第一件事是什么？"乞丐回答说："我要买一只好一点的碗和一根结实的木棍，这样我以后出去讨饭时方便一些。"

可见，习惯对我们有着多大的影响。可以说，习惯是一贯的，在不知不觉中，它深深地影响着我们的行为，影响着我们的效率，左右着我们的人生。

作为家长，与其给孩子留下百万家产，不如帮助孩子从小养成一些良好习惯。多一个好习惯，孩子的心中就将多一份自信；多一个好习惯，人生中就多一份成功的机会和机遇；多一个好习惯，孩子们生命里就多了一份享受美好生活的能力。

妈妈为孩子选择一些有助于养成良好习惯的故事，这些故事如一面面镜子，可以让孩子很容易地看到自身的坏习惯，并逐渐养成良好的习惯。

第二，用故事培养孩子优秀品质。

对于孩子来说，优秀品质的养成远比知识和技能更重要。因为，优秀品质是孩子一生成功的基础和必要因素。孩子的品质一旦形成，就很难改变，而知识和技能却可以随时随地学习、吸收与更新。"没有品质，教育只完成了一半"，品质教育包括正确的生活目标、价值观、人际关系及面对挫折的能力等。

品质教育对人生的发展，有决定性的影响。当世界变化的速度愈来愈快、未来将面临的竞争与挑战愈来愈严苛的时候，为孩子培养优秀的品质，是家长送给他最珍贵的礼物。要知道，充满挑战的二十一世纪，正是属于善良、正直、诚实、勇于承担责任等具有优秀品质的人。

妈妈通过生动幽默的故事，深入浅出地引用大量古今中外培养孩子品质的理论和经验，可更好地培养孩子优秀品质。

第三，用故事优化孩子的性格。

对于孩子来说，性格是可优化、可培养的，因为孩子的心灵就是一块神奇的土地，你播种一种思想，就会收获一种行为；你播种一种行为，就会收获一种习惯；你播种一种习惯，就会收获一种性格；播种一种性格，就会收获一种命运。可以说，性格是改变一个人命运的舵手。

有道是，成也性格，败也性格。好的性格能成就孩子的一生，而坏的性格，则可能会毁掉孩子的一生。作为家长，唯有帮助孩子改掉性格的弱点，才能改变孩子的命运。

优秀的故事是向孩子传授好思想的最好渠道之一，妈妈不妨从故事中给孩子播种思想，优化性格，收获命运。

第四，用故事提高孩子的情商。

随着现代家庭的"高素质"化，越来越多的家长意识到情商的重要性。它被认为是通往成功的必备素质。研究证明：个人的成功，智商的优劣占20%，情绪智商的优劣占80%。情商在更大程度上决定着一个人的成功与幸福。

今天，人与人的竞争，不再仅仅是智商的竞争，更重要的将是情商的竞争。情商高，则意味着善于调节自己的情感，善于保持良好的人际关系，善于敏锐地察觉他人内心微妙的变化。情商较高的人更容易得到周围人的帮助。因此，一个有责任心的家长，一个有远见卓识的长辈，在关心孩子智商教育的同时，更要关心孩子的情商培养。

　　小故事包含着大智慧，孕育着大道理。它不仅给孩子丰富的知识，而且为他们扩大人生视野、探寻生活奥秘开了一扇窗。在妈妈轻松惬意的讲述中，孩子会收获有益的启迪，使人格更健全、意志更坚强，与人相处更融洽，更好地理解、把握人生。

　　第五，用故事激发孩子好学向上。

　　学习，无论是对个人还是民族，意义都是重大的。儿童时期是学习的黄金期。尽早让孩子认识到学习的真正意义，激发孩子学习的主动性，让孩子从学习中获得乐趣，对孩子的一生而言都有很大的帮助。

　　在美国福特公司曾发生过这样一个故事：一次，福特公司里一台大型发电机发生故障，工程师维修三个月毫无结果。而斯坦因梅茨只是稍加考察，便发现了发生故障的原因。他在电机上画一条线，说："毛病就在此。"按梅茨的指示修理，电机不久又恢复了运行。为此，梅茨向福特公司索取了一万美元的报酬。有人却嫉妒他，说他只是在电机上画一条线就要一万美元，岂不是勒索？梅茨在付款单上的说明就是最好的回答：画一条线——1美元，知道在哪里画线——9999美元。多么深刻的回答。知识就是财富，知识就是力量。知识的力量是不可估计的。而知识获取的途径就是学习。

　　妈妈可采用"故事教育法"的方式，针对孩子在学习过程中随时发生的情况，把各种教育的道理蕴含在故事中，引领孩子在轻松愉快的氛围中感受到学习的乐趣，激发孩子好学向上的潜能，让孩子在学习的过程中渐入佳境。在故事里，孩子能够领略到学习是一件美妙的事情，更是一件快乐的事情。

第六，用故事开拓孩子的创意思维。

把一粒种子放进显微镜下进行分析，会发现它只是由组织、碳水化合物及其他一些化学物质所组成的，没什么特别。但是把它放在泥土里，加些水和阳光，神奇的事情就出现了，它会发芽生长，开花结果，它可以是养活众生的稻米谷物，可以是为世界添上色彩的鲜艳花卉，也可以是为生命提供氧气的参天大树。

人的创新思想也像一粒种子，在酝酿尚未成熟的阶段时，是多么平凡和不显眼，把它放在合适的泥土里，加入养分和水，让阳光照耀着它，它同样会发芽生长，成为动摇世界、影响众生、造福万物的神奇力量。

21世纪的竞争是人才的竞争，而创新精神是一切人才追求的目标。可以这样说，没有创新就没有人类文明的发展。

妈妈可以通过一些名人的创新故事，告诉孩子什么是创新、如何创新、为了创新需要具备哪些素质等等，以启发孩子创新的激情。

第七，用故事引导孩子大方、得体地交际。

大方、得体的交际技巧，对孩子的成长具有重要的作用。美国总统罗斯福曾说："在成功的公式中，最重要的一项因素是待人接物。"交际是发展孩子社会性的一条重要途径。孩子只有在与同伴、成人的交往互动中，才能学会在平等的基础上协调好各种关系，才能正确地认识和评价自己，形成积极的情感，为将来正常地进入社会，更好地适应社会生活打下基础。

妈妈通过"故事教育法"，可更好地引导孩子得体地开展社交活动。

第八，用故事鼓励孩子不畏艰难与挫折。

孩子常常会因为痛苦而唱着哀伤，因为挫折而滞留不前，因为失意而不见希望……当孩子的成长有痛苦的音符时，不妨用一个快乐的故事，告诉他用坚强去谱写一首命运交响乐；当孩子的成长有挫折的浪花时，不妨用一个乘风破浪的故事，告诉他用乐观去冲刺成功的终点；当孩子的成功有失意的云朵时，不妨用一个风雨任平生的故事，告诉他用达观去点燃希望的火花。

生命的价值取决于我们自身，除了自己，没有谁能让我们贬值、不论我们出身如何，逆境如何，人生的价值都不会因此而改变，恰恰因为我们用坚强、乐观去面对艰难与挫折，人生才得以升值。

亲爱的妈妈，让孩子从故事里走出痛苦的阴影，越过挫折的雷池，不再畏惧艰难与挫折，收获一种异样的人生吧！